エラスムス
56歳前後

エラスムス

● 人と思想

斎藤 美洲 著

62

CenturyBooks 清水書院

まえがき

十余年前のことだった。エラスムス生誕五百年というのを記念して、彼の生地ロッテルダムで『エラスムス全集』の刊行が企てられた。なんでも数十巻に及ぶ膨大なもので、それを三〇年ぐらいかけて刊行していくというのだから、私は予約するのをやめた。とうてい私の生きている内には完結しないからであった。実際に本が出始めたのは一九六九年からで、現在一〇巻ほど出ている。

あれから四年たって一九七三年に、こんどはカナダのトロント大学出版局から『英訳エラスムス全集』というのが刊行されることになった。この方は、ラテン語で書かれているエラスムスの著訳書と書簡の英訳、それに注釈をつけたもので、全部で六〇巻、年二巻から四巻ぐらい刊行していく予定だというのだが、現在七巻しか出ていないところをみると、これもまた優に三〇年はかかることだろう。この方はしかし、若い学生のために大学図書館で予約してもらうことにした。

まったく気が遠くなるような出版事業だなあと思う人もいるかもしれない。しかし西洋ではそう珍しい事ではない。げんにこの英訳全集の重要な資料となったオックスフォード大学出版局版の『エラスムス書簡集』は、本文一一巻、索引一巻で、一九〇六年から刊行を始めて、本文の刊行が終わったのが一九四七年、索引はそれから一一年後の一九五八年に出た。つまり刊行を始めてから五二年かかって完結したのである。

いったいこのような仕事を可能にする要因は何であろうか。一つはそういう気長《きなが》な企てを支える気風が個人にも社会にもあることだろう。もう一つはエラスムスの文章が、時代を超えて読むに堪えるものだという客観的な評価があることだろう。前者は、われわれ日本人のためには大いに考えていい問題だが、ここでは場違いになるから省くとして、後者の問題をすこし考えてみよう。

エラスムスは後世よく「ヒューマニストの王者」とか「ヒューマニズムの元祖」とか呼ばれる。「ヒューマニスト」、「ヒューマニズム」とはいずれも歴史的概念だが、エラスムスはその重要な体現者だったことがわかる。だから何よりもまずエラスムスの文章は、文化史、思想史、宗教史（教会史、神学史、宗教改革史）、文学史等の研究資料として必要欠くべからざるものとなる。この意味で彼の書簡類も特別の価値を持つのである。当時はこんにちのように学者たちが論文を発表したり、情報を交換したりするところの学界誌とか学術雑誌というものがなかった。それで名のある学者たちがやりとりする手紙は、書き写されて回覧されたり、印刷出版されたりして、学界誌の役目を果たしたものである。エラスムスの書いた手紙などは、いわば学術雑誌の巻頭論文とか特別記事のように読まれたのである。アレン博士たちの編集した『エラスムス書簡集』一一巻と索引一巻が企業として成功したのも、一つにはこれによって一五、六世紀の知的状況が生々《なま》しく分かるというような歴史的価値による。

ところで「ヒューマニズム」ということだが、前者については本書でややくわしく述べてあるからここではふれない。後者はよく「ヒューマニテリアニズム」と混同されるという。今は亡き渡辺一夫先生は「ヒューマニズム」を「人本主義、人文主義」、「ヒューマニテリアニズム」を「人道主義、博愛主義」と邦訳し、両者は「矛盾するものとは思っていませんが、少々違うところがあるような感じがしてなりません」と言われる。そして「ヒューマニズム」の方は「一九世紀になってからドイツの歴史家たちが、ルネサンス期の一風潮につけた名称」であったという。

「ルネサンス期の学者たちは、例えば、神学者たちが、『針の先に霊魂がいくつ乗れるか?』というようなむつかしい問題をのみ論じて、人間救済のためにあるべき神学や学問の根本を忘れ去っている時、『これはキリストと何の関係があるのか?』Quid haec ad Christum? と問いかけて、反省を求めたと伝えられています。『ヒューマニズム』とは、おそらくそうした精神態度ではないかと思われます。眼前にある一切のものが、本来の姿を失ったり根本精神から逸脱したりした時に、『それでよいのか?』と問いかけるのが、『ヒューマニズム』と申してもよいかもしれません。人間が、自分の作ったもの（機械・思想・制度）を使えずに、逆にそれらに使われるような現象が見られた時、人間は、『ヒューマニズム』の警告を受けるべきかと思います。

このようなものは、東洋人の思考のなかに昔からあった以上、これまた何も『ヒューマニズム』と片仮名《かたかな》で書かなくともよいでしょうが、きわめてはっきりした自覚の上に立ち、大きな文化的変革の根本に、『ヒューマニズム』が息づいていたのは、ヨーロッパ・ルネサンスですから、片仮名を用いるようになったのでしょう。」（「朝日新聞」昭和三七・一二・二七）

渡辺先生によると、「キリストと何の関係があるのか」という問いは、「ローマ時代に、本末を転倒し、根本義を忘れた議論や行為を咎めて、『それはヘルメス（メルクゥリウス）と何の関係があるのか？』Quid haec ad Mercurium? と言われた言葉を転用したものである」という。そして続けて言う、「この二つの問いの間に、一貫したもの（すなわち）批判と反省と懐疑の精神を感じ取る場合には、そして、ルネサンス以後のユマニスム（ヒューマニズム）の標語として『それは人間であることと何の関係があるか？』Quid haec ad humanitatem? という句を選ぶことが許されるとするならば、同じようなものが、一貫してある筈だと思うのである。」（『フランス・ユマニスムの成立』）

つまり「ヒューマニズム」とは、理念としての人間像があって、それに背いたり、それから逸脱したりする行為や存在を批判する精神態度なのである。日本人の間には古くから「人非人《にんぴにん》」とか「ひとでなし」という言葉があるところを見ると、そのような精神態度が無かったわけではないが、西洋においてはそれを「きわめてはっきりした自覚の上に立って」強調する思想の系譜があって、その有力な先祖のひとりにエラスムスがいたというわけである。そしてこのように「ヒューマニズム」が広い概念を持つにつれて、既成の「ヒューマニスト」という語の概念も拡張されるに至ったのである。

第一次世界大戦は「戦争をこれで終わりにするための戦争」だというヒューマニスティックなモットーのもとに、多くの青年が勇気をふるって従軍した。それなのに再び第二次世界大戦がおきて、文明諸国はまた荒廃に帰した。この両方の大戦に出会った平和主義者シュテファン＝ツヴァイクの著書に『エラスムスの勝利と悲劇』というのがある。彼はすでに第一次世界大戦の時に戯曲『エレミヤ』などを発表して反戦思想家の名声を博していたが、大戦後ヒットラーが総統になってナチスの権力が確立して風雲再び急になったときに（一九三四年）、このエラスムスの評伝が出版されたのである。そして九年後の昭和一八年にはこの書の邦訳版（高橋禎二訳）が出た。昭和一八年といえば、東条英機内閣が独、伊と組んで対米・対英戦を推進していた頃である。この邦訳書は、東条に内閣を明け渡した近衛文麿が感慨をもって読みふけったという。この事について三人目の翻訳者内垣啓一氏は、「首相あるいは重臣として、軍部の横暴と好戦に手を焼いていた近衛公は、ひそかにおのれの悩みをエラスムスのそれに擬していたことであろう」と述べている。ツヴァイクの著書そのものについては本書でも論じられているが、エラスムスが二〇世紀のそういう脈絡の中でとらえられているということは、ここで注目しておきたい。言いかえれば、およそ非人間的なるもの、野蛮なるもの、狂暴なるものを嫌悪し拒否する思想の体現者としてエラスムスがとらえられているのである。

それならばエラスムス自身の書いたものは、すでに述べたように歴史の研究資料として一等品であるばかりでなく、偉大なヒューマニズムの文学として今でも広く読まれ得《う》るものなのだろうか。この解答は本書の中に見出されることを期待する。それにつけて私はここで一種の私情を述べることを許していただきたい。

本書でもふれているとおり、あの宗教改革の立役者マルティン＝ルターは、「エラスムス——私はこの男がだんだん好きでなくなる」と言った。私はそれを読んだとき、「そうだろうなあ」と思った。ところがエラスムスの弟子筋に当たるグラレアヌスというスイス人が、宗教改革の嵐《あらし》が吹きまくる一五二三年代に書いた手紙の中で、こう述べているところがある。

「エラスムスは、温和さと人間らしい注意深さを勧めますが、他の人々は、大いなる勇気を説くのです。しかし、この大いなる勇気が暴行沙汰にいたりはせぬかと、私は恐れています。それと申しますのは、彼らの主張に、私が信頼できないからではなく、むしろ、今日《こんにち》あのような自負をもって、一切を改変しようとしているあらゆる人々のなかに、何とも言えぬ傲岸不遜《ごうがんふそん》を認めるからなのです。」(渡辺一夫訳)

「一切を改変しよう」とする勇気ある人々の先頭に立っていたのがルターである。私はこういう人々にしばしば感じられるところの何ともいえぬ押しの強さ、あくの強さを、この手紙の主が感じとっていることに心から同情するのである。彼の心はしかし、反撥しながらも「ルターの盛んな熱意に曳《ひ》きずられて」動揺する——このすなおさ、このやさしさは、感動的である。ルターから見るならば、グラレアヌスのような人間は信仰の熱意に欠ける者、因循《いんじゅん》姑息《こそく》の徒、臆病者、日和見《ひよりみ》主義者、そしてその人間が頭がよくて学問があればあるほど、口先のたくみな、そのくせ意気地《いくじ》のない知識人にみえたことであろう。

ルターはラディカルな改革に付きものの狂信、暴力に立ち向かうだけの強さがあったが、エラスムスにはそれが無かった。しかし「ユマニスムは」と、渡辺先生は言われる、「狂信と暴力とに対して、批判はし得《う》るが、暴力を相手に格闘はできないのである。格闘すれば、ユマニスムの死しかない。ユマニスムには、ただ隠忍するだけの道しかない。」もしもエラスムスがヒューマニズムの元祖であるとするならば、それはこういう意味においてであったのだろうか。

私は「ルターの盛んな熱意」には尊敬の念を抱くが、彼に近づこうとする気にはなれそうもない。これに対してエラスムスにはむしろ親近感を抱くが、それだけに、いやな男だと思うところもあるに違いない。私は本書でエラスムスの人と思想の輪郭を描くに当たって、はしなくもこのような心情が働いたかもしれない。その事をここでおことわりしておく。

さて最後に私の謝意を表明しておきたい。

故渡辺一夫先生からは著訳書、そして丁重なお手紙を通じていろいろ御教示にあずかった。先生と共に『世界の名著』のエラスムス篇を編集された二宮敬氏、それから故箕輪三郎氏の訳書については、これを参考にするばかりか、その一部を、渡辺先生のものと同じく、引用させていただいた。また内垣啓一氏の訳業にもお世話になった。氏がその「訳者のことば」の中で、若い頃ツヴァイクの書を読んで、「エラスムスの冷静な態度を理性的には尊敬しながらも、その反対像であるルターの強引な信念とやらを羨望《せんぼう》する感情をおさえきれなかった」というような強い「分裂的読後感」を持った、と書いておられる所は印象的であった。どうやら昔の一高生、内垣君も、クラレアヌスに通ずるような思いをしたらしい。

以上いずれも謹んで御礼申し上げます。

次にエラスムスに関する外国の本ならびに著者については、すべてこれを省略するが、ただ元ロンドン大学講師T・J・B・スペンサー博士のことをひと言《こと》ここに書き留めておきたい。その昔、私がロンドン大学に留学したとき、スペンサー博士は「英文学の古典的背景」という講義を担当していて、その方面の著書を出したばかりの若手《わかて》の教師であった。私は彼から古典語と古典文学について いろいろ教えてもらったばかりか、雑多な質問にもよく答えてもらった。実はエラスムスに関心を持ったのは、彼との話合いからであった。その後、彼はバーミンガム大学教授となり、日本にも二度ほど講演に来たが、一昨年の春先に胃ガンで急逝《きゅうせい》した。今こうしてエラスムスに関する小著を刊行するに当たって、師弟というよりは友達同士という感じでエラスムス論議をやった遠い昔の思い出がよみがえってくるのである。しみじみと冥福を祈りたい。
そしてそういう思い出につながるエラスムスについて書く機縁を作ってくれた畏友小牧治博士に心から御礼を申し述べたい。

一九八〇年　冬

斎藤美洲

目次

まえがき……三

I　青年時代——古典の好きな修道士

一、ヨーロッパという世界……一六
二、エラスムスの誕生……二七
三、ラテン語教師……三五
四、新しい神学への道……四三

II　壮年時代——代表的クリスチャン-ヒューマニスト

五、著述家エラスムス……六〇
六、『痴愚神礼賛』……七三
七、「ユリウスのラッパ」……八四
八、ヨーロッパ-キリスト教国の大学者……九四

九、宗教改革・ルターとエラスムス……一三一

Ⅲ 晩年――孤立する静観者

一〇、バーゼルにおけるエラスムス……一三〇
一一、終焉……一四九
一二、エラスムスの人間像……一五九
年譜……一七〇
参考文献……一八一
さくいん……一八三

I 青年時代

——古典の好きな修道士

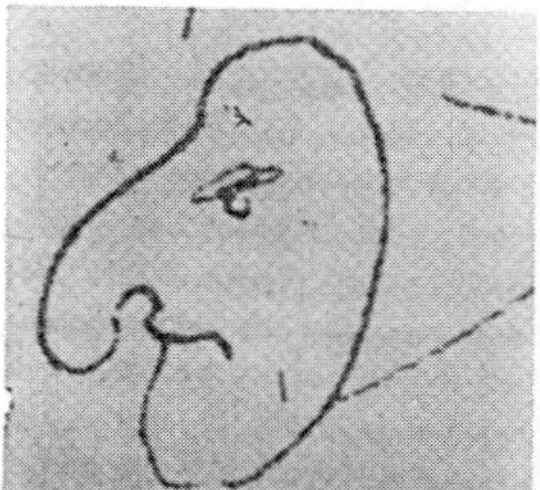

一、ヨーロッパという世界

地中海世界から
ヨーロッパ世界へ　エラスムスの人と思想を理解するためには、まずその背景となるヨーロッパという世界を理解しなくてはならない。これはおよそ西洋人を理解する場合には当然のことかもしれないが、エラスムスの場合は特にそうなのである。

こんにちECという略称で新聞記事にしばしば現れるヨーロッパ共同体（European Community）というのは、欧州住民の間に初めて生まれた観念ではない。そう言うと読者は超国家的な新ヨーロッパ世界の誕生を期待した一九世紀のニーチェとか、「ジャン＝クリストフ」というひとりの「ヨーロッパ人」を育てようとしたロマン＝ロランとか、著名な個人の例を思い浮かべるかもしれない。しかしこれらは、そういう観念の原因というよりはむしろ結果なのであって、ヨーロッパ住民の共通世界意識には、はるかにもっと古い歴史的由緒がある。

そもそも「ヨーロッパ」という名称は古代ギリシア神話に出てくる王女の名であった。それがローマ神話にひきつがれ、やがて地名となった。古代ギリシア－ローマの世界は「地中海世界」といわれるが、それは西暦元年前後にできたローマ帝国に総括される世界であった。この世界は、ギリシアのアレクサンドロス帝国がインドにまで及んだのに対して、文字どおり地中海を内海として、その西北部はガリア（今のフランス）さらに海峡をこえてブリタニア（今のイギリス）に及んだ。そしてライン川を境にしてその北側が領土外で、それがゲルマニアであった。

このローマ帝国がもっとも盛んなときに、その東方領土内にキリストが生まれ、まもなくその教えが重なる弾圧にもかかわらずローマ帝国内にひろまって、やがて帝国の国教となった。それは四世紀初めの頃であったが、この頃すでにゲルマニア諸種族の帝国内侵入、移住が盛んになっていた。その早い例はゴート族、フランク族の侵入だが、「ゴート」はこんにち多様な意味をもつ「ゴシック」の元になる名であり、「フランク」は「フランス」の祖語である。

内憂外患のつづくローマ帝国が東西に分裂し（三九五年）、やがて西ローマ帝国が滅亡すると（四七六年）、国教であったキリスト教も事実上東西に分裂して、かつての首都ローマの教会を始めとする西方の諸教会は、異教の蕃族を相手とする辺境教会になり変わった。ゲルマン人が、滅亡したローマ帝国から受けついだものはいろいろあるが、もっとも早く、そしてもっとも多く受けついだものは、この西方キリスト教であった。

キリスト教は、ローマ帝国内の下層民からひろがっていったのに対して、ゲルマン諸国の間では国王を始めとする上層部からひろがっていった。新興のゲルマン諸国にとって今は亡きローマ帝国の権威は、ローマ教会の教皇に象徴されていた。ゲルマン君主たちはキリスト教に帰依《きえ》し、教皇に寄進することによって、自己の精神エネルギーを増幅し、由緒ある権威のお裾分《すそわ》けにあずかった。そういう事象をもっとも大規模に実現したのが、フランク王カールの戴冠であった。かつてはライン川の北側にいたフランク族は、カール王の代になると、今のイタリアの北半からスイス、フランス、ベルギー、オランダ、ドイツ、オーストリア、チェコスロバキア、ハンガリー、ユーゴスラビアの一部にひろがる大王国をなしていた。カールの父は征服したイタリア領の一部を教皇領として寄進していた。先王と同じく教皇に尽くすところのあったカールは、ローマの大聖堂で教皇からローマ皇帝の冠を受けたのである（八〇〇年）。

昔の西ローマ帝国よりもさらに西寄りのローマ帝国が出現したところで、新生の皇帝は大いに文教政策を盛んにし、大教会経営の学校を数多くおこした。それは、ラテン語を基本課目とする古代ローマ以来のカリキュラムであった。こうして地理的には地中海世界より移ったが、歴史的には旧世界の文化遺産を受けついだところの新しい世界が確立した。これがヨーロッパであった。

こんにちヨーロッパといえば、それはキリスト教徒の世界であり、古代ギリシアーローマの文化的伝統につらなり、そして多かれ少なかれ彼らの間にはゲルマンの血が流れている、というのが教育ある住民の常識であろう。それはつまり西ヨーロッパのことなのである。第二次世界大戦が終わって一年もたたない一九四六年の春のことであった。大戦を勝ちぬいたイギリスの元首相ウィンストン＝チャーチル（一八七四〜一九六五年）がアメリカで演説をして、「今やヨーロッパ大陸にはアドリア海のトリエステからバルチック海のステッティンにかけて、鉄のカーテンがおりてしまった」と言い、そのカーテンの東側がソビエト圏であると規定した。この有名な演説以来、「東」と「西」は「東洋」と「西洋」よりはむしろ「東側ソビエト圏」と「西側自由諸国」を意味するのが常識になった。そして、後者のうちにはアメリカも加わるといった世界的な分布が、ヨーロッパにおける「鉄のカーテン」を境にしてでき上った。そしてこの場合の「西」もまた西ヨーロッパなのである。初めに述べたECも実はこの領域の所産なのである。

さてこのような常識の歴史的源《みなもと》をたどっていけば、結局それはカール大帝のローマ帝国の構造のうちに見出されるのである。そこで、その構造をもうすこし念入りに検討してみよう。

新ローマ帝国の構造

まず新帝国の地理的構造である。すでに述べたように、その東辺地帯は今のチェコスロバキア、ハンガリーの一部に及んでいたが、さらにその東方にひろがる大平野が今の東ヨーロッパである。この東辺地帯が帝国の外敵防衛線であった。外敵とは大平野を蹂躙《じゅうりん》して襲来するアジア民族で、旧ローマ帝国を悩ましたフン族はその著名な一例であった。今の東ヨーロッパはまだ歴史の舞台裏に横たわる未開の領域であった。

次にはこの新帝国の政治的構造だが、これは古代にも近代にもない独持のものであった。西ローマ帝国が滅亡したとき、帝国教会は事実上分裂して、やがて東のオルトドックス教会（正教会）と西のカトリック教会（公教会）となった。東には昔どおり皇帝がいたが、西には教皇がいるだけになった。その教皇の手によって改めてカール大帝という皇帝が生まれてからは、ヨーロッパ世界には教皇と皇帝とがあたかも楕円の二つの焦点のように存在することになった。キリスト教は旧ローマ帝国の国教であったとはいえ、このように皇帝と並び立つところの教皇（Papa 原意は「父」）というものは存在しなかった。このような教皇が、帝国のみならず旧ブリタニアの島にあるアングローサクソンの諸王国にも大司教、司教、司祭から成る聖職制《ヒエラルキー》を設け、地域的には大管区、管区、教区に拠って、ヨーロッパの全信徒を掌握しようとしたのである。その昔、ローマ帝国内の異民族に等しく及んだローマ法に、魂をふきこんだのはキリスト教であったと言われるくらいに、カトリック教会はその信仰、教義に法律的要素を加えていった。言いかえれば、諸国に共通する教会法というものを制定することによって、全信徒の生活のすみずみまで規制することを求めたのである。

このようないわば精神界の支配権を教権と呼ぶならば、それは皇帝や国王たちのふるう俗権とどのように競合したのであろうか。

旧ローマ帝国の地中海世界と、新ローマ帝国のヨーロッパ世界とは、後者が教皇対皇帝という楕円的構造を持つ点において異なっていたように、後者がゲルマン社会の中から育った封建制度を持つ点においても異なっていた。皇帝、国王、大小領主とつながる封建的関係が、領地の上に成り立つものであるならば、教会や修道院もまた各国内の領地をその経済的基盤とする以上、その封建的関係を無視して存在することはできなかった。領主としての大司教、司教、修道院長は、多くの場合、世俗の領主と同じく軍役に応ずるという条件をもって、荘園を領有していた。彼らの下には寺務を司る僧侶団と軍務を司る騎士団が仕えていた。だから、司教や修道院長の地位には王族を始めとする俗人が任命されることもしばしばあった。彼らは国王の主宰する聖俗の会議に出席し、あるときは大領主の一員として、あるときは国王の最高官僚の一員として国事に積極的に参与した。九世紀の頃からは司教たちも戦闘に加わり、戦死した例がしばしば見出される。

司教たちの地位がこのようなものになってくると、ローマを中央とする統一的、普遍的なヨーロッパ教会という構想に対立する独立教会あるいは地方教会というべきものが、封建国家群を単位にして分立する傾向が生じる。この傾向はカール大帝の死後、ほどなくフランク帝国が三つに分解して、東フランク王国（後のドイツ）、西フランク王国（後のフランス）そしてイタリアとなると、いよいよ増大したが、このように国別に俗権が教権を左右するようになると、全ヨーロッパ的な教権の樹立をめざす教皇の戦いは必至であった。

教皇の対抗策は、各国の数少ない大司教を掌握することによって司教への間接的支配を強化したり、大領主同士の権力争いをたくみに利用して自己の地歩を伸張したり、あるいは教皇直属の修道院群の育成を計ったりすることであった。

しかし教権が俗権に対抗するということは、本質的には世俗の罪悪に立ち向かうという精神的意義をもつべきもので、このことは特に教皇直属の修道院を新しく興《おこ》すというような事業には必須の要素であった。一一世紀から一二世紀にかけておきたところの、教皇を先頭とする教界みずからの粛正運動――聖職者独身制の徹底化、叙品（任命）の厳正化、そして修道院の改革運動は、広く俗界の信仰心を刺戟して深い共鳴と支持を呼んだ。それは中世精神のもっとも盛んな顕現であると同時に、既述の楕円的ヨーロッパ世界の実質化に寄与するものであった。

ヨーロッパ－キリスト教国　かくて中世におけるヨーロッパ－キリスト教国（Respublica Christiana Europaea, European Christendom）というのは、単に「ヨーロッパにおけるキリスト教の諸国」という意味ではない。それは一方に皇帝、国王、諸公の支配する封建国家群であると同時に、他方ではローマの教皇につながる単一のキリスト教国家であった。後者は単なる観念的な信仰団体ではなかった。それは封建国家を超えて働く聖職者の任命権、教会法による信徒の裁判権、そして教会、修道院の収入をとりしきる財政権を持つところの、きわめて現実的な団体なのであった。さらにまたそれは学問、芸術、つまり文化を生み出すところの団体であった。

ヨーロッパ－キリスト教国のもっとも注目すべき文化的様相は、この国の公用語がラテン語であったということである。封建諸国家にはいろいろの「土語、国ことば」はあったが、英語とかドイツ語、フランス語というような「国語」（national language）はなかった。それらの国語はふつう「近代語」(modern languages) と呼ばれるように、「近代国家」と共に成長したのである。これはどういうことかというと、たとえば 'foreigner' という語は、中世では「よそ者」ということで、こんにちの英語のように「外国人」という意味ではなかった。それは「地元の者」ではないということで、隣の村や町の人間でも「よそ者」であった。中世の住人の間には部族意識や種族意識はあっても、「国民」としての統一意識がなく、したがって誇るに足る「わが国の学芸」というような文化意識もなかった。彼らにとって学芸とは、ほとんどこれを古代ギリシアーローマから学びとるものであった。言いかえれば学芸とは古典《クラシック》であり、古典《クラシック》とはラテン語原書か訳書であった。

中世のラテン語はヨーロッパ知識人の常用語であり、そのラテン語を習うということが教育を受けることであった。教会の諸儀式はすべてラテン語で行われ、各国の公文書はすべてラテン語で書かれた。一二世紀からでき始めたヨーロッパの大学の用語はラテン語であったから、学生は各国に散在する大学の間を自由に交流した。そして学術書、論説書の類はひろくヨーロッパの知識人、学生を対象にしてラテン語で書かれた。(ちなみにこの文化的慣習は近代に及んで一八世紀頃まで続いたが、ラテン語教育の方はわが国の漢文教育のように現代にまで及んでいる。)

ラテン語で書かれた中世の書物のうちで特に注目すべきは史書である。中世には、「国語」の観念がなかったように「国史」という観念がなかった。中世の典型的史書は、神の天地創造から始まってキリストの出現までを紀元前として、それまでが約五千年、それ以後を紀元後として現代に至るまでを記述するような、一種の世界史であった。だからイギリスのある修道僧の書いた『ポリクロニコン』（一三二七年）という史書も、最後の方は地元イギリスの歴史記述になっても、それはヨーロッパ－キリスト教国の地方史として書かれていた。

これはある意味で無理のないことで、イギリスの島は、フランス王国の大領主であるノルマンディー公が一〇六六年に征服して以来、彼と彼の子孫はイギリスでは国王で、フランスではフランス国王に臣従する大名であったり、あるいは兄弟で両方を分けあったりするような、ヨーロッパ封建国家群の一つにすぎなかった。イギリスの島にしてすでにそうなのであるから、大陸の国家関係はたえず流動的で錯綜《さくそう》していた。こんにちイギリス王室を始めヨーロッパ各国の王族、貴族が、調べてみると複雑な姻戚関係にあるのは、実は中世以来の因縁によるのである。

ヨーロッパの近代は、ふつう一五世紀末から一六世紀にかけて始まるとされるが、政治的にもっとも早く近代化したといわれるイギリスでは、その頃からヨーロッパの一地方の歴史ではなくて、それ自身の理念を持った「わが誇るべきイギリス国」の歴史が書かれるようになった。この国は同じ頃にヨーロッパのカトリック教会から脱退して、教皇のかわりに国王を首長とするところのイギリス国教会を創設した。これは国家主義《ナショナリズム》の宗教版ともいうべき歴史的事件で、ヨーロッパがそれぞれ独立の国民国家《ナショナルステイト》に分裂する趨勢《すうせい》のもっとも露骨な現れであった。イギリス以上に島国でありつづけた日本の国民は、歴史は初めから国史であり、英、独、仏を始めとする西洋諸国もまた日本と同じ古来の独立国家であると考えがちである。特異なナショナリスト岡倉天心は「アジアは一つなり」と言ったが、ヨーロッパはそれ以上に一つであった。近代ナショナリズムに行きづまった現代イギリス人のひとりが、「ヨーロッパ－キリスト教国は古くて尊い、それはイギリス国家などのある前からあったのだ」と言うとき、その是非はともかくとして、その心情は理解する必要がある。

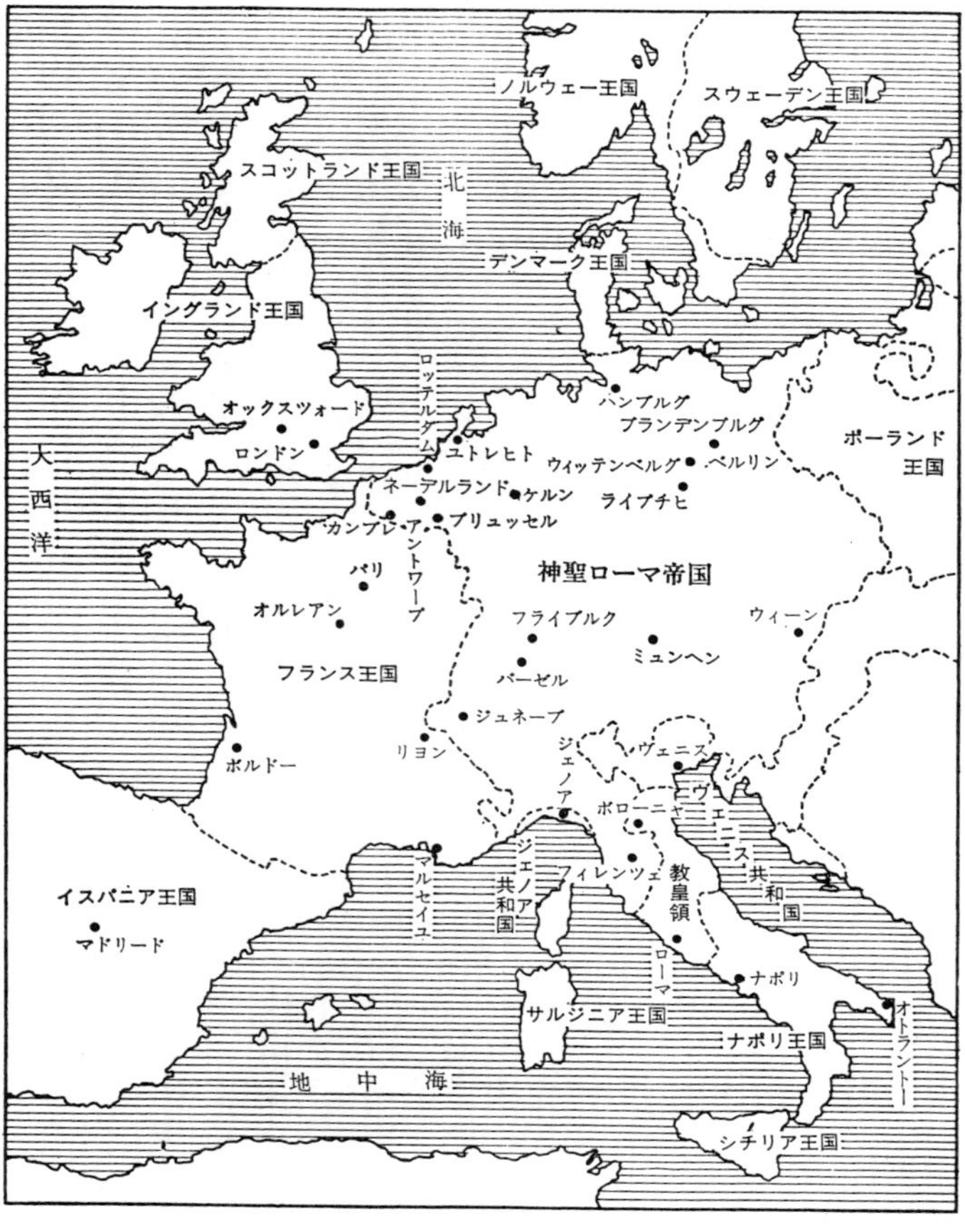
ノルウェー王国
スウェーデン王国
スコットランド王国
北海
デンマーク王国
イングランド王国
ロッテルダム
ハンブルグ
ブランデンブルグ
オックスフォード
ロンドン
ユトレヒト
ポーランド王国
大西洋
ウィッテンベルグ
ベルリン
ネーデルランド
ケルン
ライプチヒ
カンブレ
アントワープ
ブリュッセル
神聖ローマ帝国
パリ
オルレアン
フライブルク
ウィーン
ミュンヘン
フランス王国
バーゼル
ジュネーブ
リヨン
ボルドー
ジェノア
ヴェニス
ボローニャ
ヴェニス共和国
マルセイユ
ジェノア共和国
フィレンツェ
教皇領
イスパニア王国
マドリード
ローマ
ナポリ
サルジニア王国
オトラントー
ナポリ王国
地中海
シチリア王国

16世紀のヨーロッパ

二、エラスムスの誕生

そのころのヨーロッパ　エラスムスは、一四六六年一〇月二七日、オランダの港町ロッテルダムに生まれた（生年については六七年、六九年説もある）。当時のオランダは、今のベルギーと共にネーデルランド（「低地」という意味）と呼ばれて、フランス王国の大領主ブルゴーニュ公の所領であったが、一五世紀の末頃、ドイツ王国のマクシミリアン一世が、ブルゴーニュ公家出身の王妃の相続権によって同地を領有することになった。

ドイツ王国は九六二年、イタリア北半を併呑《へいどん》したオットー一世が改めて「神聖ローマ帝国皇帝」となって以来、ヨーロッパの皇帝は事実上ドイツ国王の別称となっていた。ドイツの国王位は、同国の封建大領主たちの選挙によるのが原則であったが、一四三八年以来ハプスブルク家の独占するところとなっていた。

エラスムスはまだ若いうちに自分の生国がフランスからドイツに移ってしまったわけだが、このように領主の都合で簡単に国替えが行われてしまうのは、すでにイギリスの例について述べたように、よくあることであった。言いかえれば、王侯も人民もその政治的身分の違いをこえて、自他を

16世紀初頭のロッテルダム

同一の運命体として意識する国民国家《ナショナルステイト》の観念がなかったのである。

この頃、ヨーロッパ諸国の政治的状態はどうであったかといえば、いわゆる英仏百年戦争が終わって、イギリスはフランス側にあった由緒ある封土を失い、ついにこんにち見るような島国となった。この国は早くから中央集権が進んで、国王対教皇の権益争いにおいても国家主義的な方向にまとまる道を歩んでいた。フランスもまたイギリスの旧封土に加えてブルゴーニュ公国を併合したりして、急速に王国としてまとまりつつあった。イタリアは神聖ローマ帝国領、教皇領、ヴェニス共和国、フィレンツェ共和国、ミラノ公国、ナポリ王国などと分立していて、一つのイタリアとなるのはまだはるか先のことであった。スペインもまた、一六世紀後半になってハプスブルク家出身のフィリップ二世のもとで強力な王国になるまでには、諸王国の群立状態にあった。そういう中にあって、エラスムスの生国が低地方の南半分から離れて独立の近代国家となるには、彼の晩年を悩ませたところの「宗教改革」、それに続く「宗教戦争」という精神的、政治的変革をへなくてはならなかった。

エラスムス出生の事情　さてエラスムス自身が語る彼の出生の事情は、ちょっとメロドラマティックである。彼の父親は、若いときにある医者の娘と熱烈な恋仲になった。親たちは、二人の仲を許さぬばかりか、彼を聖職者にするつもりでいたので、彼は家郷を出てしまった。ところが親戚からの知らせで彼女が死んだというので、悲歎にくれた彼は身を僧籍に移した。期せずして親の希望どおりになって故郷へ帰ってみると、彼は謀《はか》られたことを知ったうえに、女が彼の子を生んでいることがわかった。今や僧籍に身をおくからには、結婚もできなかった彼は、その子供の養育に人知れず力を尽くしたが、やがて母親は町を襲った流行病で死去し、父親も死んでしまって、エラスムスは孤児になったというのである。これと非常によく似た話が『僧院と家庭』(*The Cloister and the Hearth*, by Charles Reade, 1861) というイギリスの小説でひろく読まれているので、案外そんなふうに思いこんでいる人がいるかもしれない。

だがこういう話はどうも事実と違うようである。なるほどエラスムスの父親は司祭であったが、そもそも初めから司祭であったので、母親はその司祭の隠し女であったというのが真相のようである。つまりエラスムスはまぎれもない神父の私生児なのであって、彼の話は、その格好の悪さをできるだけ軽減するための工夫《くふう》であった。すでに前章で言及したように、ローマ教会では教皇、司教、司祭というような聖職者たちは生涯独身であることが定めであった。エラスムスの親友であった『ユートピア』の作者トマス＝モア(一四七八〜一五三五年)は、若いとき僧院に入ることを願ったが、生涯独身でいることのきびしさを思い知って断念したという。そういうことを思い合わせると、エラスムスの父親などはけしからんと言われるかもしれない。

　しかし当時の話としてみれば、エラスムスがそれほど気にすることではなかったようである。げんにエラスムスには三つちがいの兄がいて、なにも彼が初めての子ではなかった。両親が早死したことは事実だが、父親はギリシア語の心得もあって、ちょっとした教養人であり、二人の息子の教育には意を用いていたようである。こうしてみると、当時聖職者が隠し女や隠し子を持つことは公然の秘密であって、あたかも俗人が妾《めかけ》をかこうぐらいのことであったかもしれない。すでに一一世紀の昔にこの風習の粛正運動がおきたくらいだから、一五世紀の末ともなればもう運動すらもおきぬほど普及していたのかもしれない。史上に残る著名な例だけをみても、当時は目に余るものがあって、たとえば教皇アレクサンデル六世（在位一四九二〜一五〇三年）の庶子チェザーレ＝ボルジアなどは、若くして大司教、教皇庁の枢機卿を歴任する一方、自分の領地をふやそうとしてイタリア各地で侵略戦争をしかけるなど、ちょっと現代の常識では測りかねるような人物であった。こういうのはまれな例だったかというと必ずしもそうでない。「ネポティスモ」（nepotismo, *English*, nepotism）というイタリア語があって、元は「教皇が甥《おい》をひいきにすること」という意味であった。教皇たる者は子供がいないのが建前であるから、こういう言葉ができたのであって、余事はもって知るべしというところである。

若き日の修道士

孤児になったエラスムス兄弟は——いや正確にいうと「エラスムス」というのは弟の方の名であって、兄はペートルといった。家名はこの頃の町民階層の常として明確ではなかった。「デズィデリウス＝エラスムス」というのは弟が後年みずから名のった姓名である——二人の兄弟は、多少の遺産もあって父側のおじたちが後見することになった。

二一歳と一八歳になった二人は、「共同生活兄弟会」経営の学校へ入った。この「共同生活兄弟会」というのは、中世における貴重な宗教的覚醒運動の一つであって、オランダ人の誇りともいうべきものであった。それは新しい修道院活動と俗人信徒の結社活動から成り、とくに後者は教育を重んじてオランダ各地やドイツにも学校をおこして、子弟の情操教育や文章修練に力を注いだ。この修道院道士、兄弟会員や学校卒業生の中からユニークな教皇、高僧、碩《せき》学が輩出したところをみると、エラスムスもまたその驥尾《きび》につながる人となるのであろう。

しかし、エラスムスが語る二年余りの在学の思い出はあまりよくない。やたらに厳格で、生徒の資質をこわしてしまうというような不平が目につくのである。これはおそらく後見人のおじから大学へやってもらえなかった不満の思い出が重なるからであろう。この感じやすく、愚痴っぽい若者は、片田舎を出てヨーロッパの名だたる大学で学ぶ華やかさにあこがれていた。後見人たちはしかし早く厄介ばらいがしたかったのであろう。二人をそれぞれ修道院へ入れてしまった。

修道院というと、今ではなんだか世捨人《よすてびと》の隠遁《いんとん》所みたいに思われるかもしれないが、教会が信者を導く機関であるならば、修道院は聖職者の研修機関であった。ここで若い研修生《ノヴィキウス》は正規の道士となって、さらに教学の道を深めていくか、あるいは道士から司祭に転じて世俗の教化に従うか、あるいは大学の教師になるか、その他いくつかの道が彼の前にはひらけていた。エラスムスは一四八八年頃に道士の資格、同九二年には司祭の資格を受け、翌九三年頃まで修道院にいたが、その間彼はもっぱらラテン語学者としての技能を磨いたといってよい。この頃彼が別の修道院にいる友人にあてた手紙の中で、詩の手本としてウェルギリウスを始めとする一〇余名の古代ローマ詩人をあげ、散文の手本としてはキケロ以下数名の散文作家をあげ、また最近のイタリアにおける古典学者としてロレンツォー＝ヴァラを始めポッジョー、フィレルフォーなど数名の学者に言及しているところをみると、少なくともそういう文人、学者の著作はエラスムスの目にふれていることがわかるのである。

この頃は、オランダのコスターとかドイツのグーテンベルクが活字印刷を始めてからまだ半世紀もたっていなかった。ということは書物といえば、まずもってそれは手写本のことであった。手写本はまずもって修道院の産物であった。前記のポッジョーなどはヨーロッパ各地の修道院を渡り歩いて、多数の古い手写本を発見している。手写本にせよ、活字本にせよ、エラスムスのような若い書生がたやすく入手できるものではなかった。彼が後年良くは語らぬオランダの学校、修道院時代も、この点では意外に恵まれていたのである。

エラスムスのラテン語勉強は、それだけなら中世の昔からあったことで、何も珍しいわけではなかったが、彼や彼の若い友達の場合は、それが修道院らしからぬ異教の詩文にうつつを抜かすようなところがあった。彼らは古代のローマ文人をまねて、牧羊神《パン》とかヴィーナスとかいろんな神々の名が出てくる田園詩や恋愛詩などを作って見せ合ったりした。そしてそういうものがわからぬ周囲の朴念仁《ぼくねんじん》ぶりを彼らは歎いた。「アポロの神聖なる業《わざ》がかくも虐《しいた》げられる」とはあさましき世の習いよ、というわけで、修道院の道士たちの「こちたきそねみ」をかこつのであった。

こういうことは、いずれの時代にも見られる文学青年のひとりよがりかというと、必ずしもそうとばかりは言えぬところがあった。道士たちの「こちたきそねみ」というのも、一つにはエラスムスのような秀才ぶりに対する反感であって、数ある修道院の中には、現今の大学のように図書は備わっていても利用する者は少ないというようなところもあった。大体がいわゆる口べらしの一つであって、エラスムス兄弟を修道院に入れた後見人たちの気持ちもそうしたものであったし、名家の子女が修道院に入るのもほとんどが似たような動機からであった。つまり勉強や修業をするために修道院へ入るのではなかった。だからラテン語もろくに読めぬ道士もいたし、読めても既成の教科書をくり返し読むだけの者が少なくなかった。そしてそれらは神学書、史書の断片で、古代異教の「不浄の文学」(*litterae profanae*)ではなかった。しかしそういう神学書などの元になるような古い経典のみならず、古代異教の文学を「善美の文学」(*bonae litterae*)として掘りおこそうと志す高名な文学者たちがイタリアにいた。彼らのうちには古代ギリシア語作品のラテン語訳を企てた者もいた。若きエラスムスには、そういう文学者の末席につらなろうとする自負があったように思われる。

こうして、いよいよ彼は修道院から脱け出ようとするのである。

三、ラテン語教師

旅住まいの始まり

前章で述べたようにエラスムスは一四九二年四月、ユトレヒトの司教の手によって司祭に任ぜられたが、おそらくこれは修道院から脱け出ようとする意図によるもので、一般信者の面倒をみる気になったのだとは思われない。いずれにせよ、修道院を出る機会は思わぬところからやってきた。当時のネーデルランド西南部（今のフランス北部）のカンブレの司教の秘書役に推薦されたのである。司教は教皇庁の枢機卿になりそうだったので、ひょっとするとローマへ行けるかもしれないという期待もあって、エラスムスはユトレヒトの司教、修道院長ならびに教団管長の許可を得て、その出向人事に応じた。一四九三年、彼は郷党の輿望《よぼう》と羨望《せんぼう》をになって修道院をあとにした。

そしてこれから文字どおりヨーロッパを渡り歩くエラスムスの旅が始まるのである。一つ所の仮住まいは短くて一～二ヵ月、長くても数年をこえることはない。どうしてそういうことになるのかといえば、それにはいろいろ理由があるが、たとえばペストの流行があった。ペストにかからぬいちばんよい方法は、流行地から逃げ出すことであった。当時の貴紳階層が難を避けて一時転居するのはよくあることだったが、エラスムスの場合は同宿の一人が発病したらしいというだけで、すぐその地を逃げ出してしまうのである。いささか臆病にすぎはしないかと友人にたしなめられると、彼は「ぼくがスイスの傭兵でもあるなら大いに恥ずべきことかもしれないが、あいにくぼくは静穏を事とする文人なのだ」と答えたという。

そのほかの理由については適宜《てきぎ》述べることとして、ここではそのような移動を彼にとって容易にしたところの二つの互いに関連する事情を述べることにする。

第一は、彼にとって言語の障碍《しょうがい》がなかったことである。エラスムスがヨーロッパを渡り歩くといっても、それは各地の宿屋とか下宿で庶民と接触することではなくて、修道院、学寮、そして学芸を理解する個人の館《やかた》に滞在することであった。第一章で述べたように、そういう所ではラテン語が容易に通じたのである。それに加えて、いわゆる文法学校が各地に普及していて、いやしくも教育を受けた者ならラテン語の片言《かたこと》ぐらいはわかる時勢であったから、ヨーロッパの旅行者にとってラテン語の通じぐあいは、現今の英語の比ではなかった。ラテン語ができればヨーロッパを通じて個人教授の口もあるし、著書でもあって多少名が知られていれば、招待先に事欠くこともなかった。

第二の事情は、いわゆるルネサンスの風潮のうちにあった。ルネサンスというのは、一五世紀のイタリアに見られる文化現象に与えられた後世（一九世紀）の呼称である（その概念が拡張されて他の時代や地域にも適用される事例は第八章で後述する）。当時のイタリアは前に述べたように小国に分立して、その内外で政治的軍事的紛争をくり返していたが、経済的には東方貿易を一手に引き受けて繁栄を極めていた。なかでもヨーロッパにおける銀行業の興隆はフィレンツェに始まったと言われるくらい、この都市は繁栄商都の代表であった。その銀行業をドイツ、フランスにまで手びろく経営していた豪商メジチ家は、ヨーロッパ各国の名家と姻戚関係を結び、三人の教皇、二人のフランス女王を一族から出すなど、その政治的勢力をフィレンツェの内外にひろめた。しかしこのメジチ家の名を世界的にひろめたのは、ダ＝ヴィンチ、ミケランジェロ、ラファエロを始めとする多くの美術家を保護したことや、プラトン学院を創立したり、数多くの古写本を収集したりして古典学の復興を奨励したこと、つまりルネサンスに寄与したことによる。

こんにち、フィレンツェの旧政庁舎《パラッツォ・ヴェキオ》を訪れる観光客は、そこに掲げられている多くの絵画の中から、メジチ家当主が著名な学者、美術家に囲まれている肖像画を何枚か見出すはずである。そういう光景は当時のイタリアの教皇、公侯の宮廷、館《やかた》によく見られ、次いでヨーロッパ各国のそれに及んでいた。いや、一般の貴紳の家でも学芸を尊び教育を重んずる気風が一つの流行になっていた。思えば中世の初め頃に修道院の中でともされていたヨーロッパの学芸のあかりは、修道院の主導で中世特有の文化に育ち、中世の終わり頃になってその世俗化が始まったわけである。それは「おのれの魂の救いを心配するよりも、わがフィレンツェを愛することを重しとした」マキアヴェリ（一四六九～一五二七年）の現世主義の胎動でもあった。

さて、エラスムスはカンブレの司教に随行してネーデルランドの諸所をまわった。秘書の仕事は忙しかったようだが、それでもブリュッセル近在の修道院で聖アウグスティヌスの古写本を発見してそれを読みふけったり、司教の別荘に滞留して、修道院時代に書き始めていた『反野蛮の書』の草稿に手を入れたりした。この書はプラトンの『対話篇』にならったような形で、数名の教養人が優雅な庭園に会して古典文学を語り合うものだが、この後もときどき書き改められて一五二〇年に出版されることになる。

パリ大学へ留学

エラスムスはしかし自分の思《おも》わくどおり事が運ばぬので、再び愚痴をこぼし始める。仕えている司教のローマ行きは結局実現しそうもなく、事務的な秘書の仕事に忙殺されるばかりで、これなら修道院にいた方がずっとましだ、修道院の個室で悠々とラテン詩なんかを書いている友人がうらやましい、というわけである。

幸いなことにエラスムスは、司教に随行するうちに知り合った文法学校教師のヤーコプ＝バットの勧告と紹介で、後者の留学地であったパリへ行く道がひらけそうになった。彼はイタリアがだめならせめてフランスで学ぼうと願った。当時のイタリアはヨーロッパ最古の大学ボローニャを始め名門大学の数の多さを誇っていたが、パリ大学はそのいずれにも勝るとも劣らぬ名門であった。そこで司教に願い出たところ、許可と若干の手当支給の約束とが与えられたので、一四九五年の夏頃、彼は単身パリへ向かった。

エラスムスは司教の推薦もあってモンテーギュ学寮に入学した。この学寮は、オランダの共同生活兄弟会で仕込まれた同郷の先輩が学寮長であったせいもあって、学則の厳しさにかけてはパリ大学でも有名であった。後年、あの厳しいカルヴァン（一五〇九～六四年）やロヨラ（一四九一？～一五五六年）もこの学寮で学んだ。古典文学の教養を重んじたエラスムスにとって、ソルボンヌ、ナヴァール学寮と並んで旧来の神学教授に徹していたモンテーギュの学風とその厳しい規律とは、堪え難いものであった。腐った卵と汚いベッドが思い出に残るこの学寮の生活も、彼の虚弱な体にはひどくこたえたようである。彼は病気になって一年足らずでモンテーギュから退学した。

16世紀初め頃のフランスの大学における講義

その頃のパリ大学の文科系には大体二つの流れがあった。一つは独占的勢力を誇る中世神学の流れであった。これは一三世紀のトマス＝アクイナス（一二二五～七四年）

を頂点とするスコラ学の流れで、一四世紀のウィリアム＝オッカム以来、前者の学統を旧派、後者の学統を新派と称して論争が盛んであった。しかしながら、それがともすると枝葉末節にこだわる不毛の議論になりがちであった。これに対してもう一つの流れは、新しくイタリアからきた流れであった。イタリアではフィレンツェを始めヴェニス、ローマなどの諸都市に古典語、古典学、とくにプラトン哲学の復興を目的とする学寮、学院が新設されて、それがまたキリスト教神学に新しい栄養を供しはじめていた。いささか末期症状を呈しかけていた在来のスコラ神学に不満を抱く若い神学者たちは、イタリアに留学してこれらの新風を吸収すると、帰国して新学派を形成した。これは前に述べたような王侯間の流行に乗る若い国王フランソワ一世の学芸奨励策に恵まれて発展することになるのである。

自活の道

「美や詩の女神たちとなんのふれ合いも持たぬような」学寮から未練もなく退いたエラスムスは、司教からの仕送りもしだいに乏しくなってきたので、いよいよ自活の道を講じなくてはならなかった。彼は当時フランス新学派の指導的地位にあった修道院管長ロベール＝ガガンに自己紹介状を書き送って知遇を得たが、それがただちに著述家の道につながるわけではなかった。本が出版されて原稿料が払われるというのは、ごくわずかな有名著述家に限られたことで、たいていは新刊の自著を何冊かもらうだけであった。それで著書にお世辞たっぷりの献辞をつけて、誰かえらい人に謹呈するやり方が流行した。こうすると相当なお祝儀《しゅうぎ》が相手からもらえるか、あわよくば後援者《パトロン》になってもらえたからである。

エラスムスに残された道はラテン語の個人教授の道であった。パリに留学していたドイツ商人の息子二人とイギリス青年二人に教える口がみつかった。彼はこれらの若者のためにいくつかの教材を作った。たとえば「日常会話文例集」、これは後年のベストセラーの一つ『対話集』の元になったものである。それから「手紙文教本」、ラテン語の「単語熟語集」、「学習要領」で、いずれも後年手が加えられて出版されている。

このラテン語教師には、わが国明治時代の英学者を思わせるところがあった。その昔「英学者」と呼ばれた人士は、まず英語の教授から始まって、イギリスの哲学、政治学、理化学、文学などを講じたものである。今でも「原書講読」という言葉があるように、彼らはイギリスの学術書や文芸書の訳注を行って日本の文明開化に貢献した。その自負や気概において彼らは今の英語教師の比ではなかった。今からみれば彼らは学問的にも教育的にも素朴であったろうが、その点でも彼らはエラスムスのような語学者たちと通じるものがあった。当事者にとって、一つは同時代の異国の文献、他は古い時代のそれという違いはあっても、両者はいずれもその内容や精神を伝えることによって、人びとの開化に役立とうとした。一冊の会話文例集を作っても、それはやがてこくのある風刺文学『対話集』に発展するものであった。たとえば「初対面の挨拶例」――

「どこのご出身で？」「モンテーギュ学寮です」「ではさぞかし学問がいっぱいおありでしょうな」「いやとんでもない、しらみがいっぱいです」。

つまり、ただの語学学習書には終わらないというところが、エラスムスならびに当時の古典語学者の身上であった。

留学生としてのエラスムスの故郷における評判は、あまりかんばしくなかった。カンブレの司教も、神学生としての彼の勉強ぶりに不満を持っていた。何かにつけて彼のことを心配してくれる数少ない友人のひとりであったバットは、今はある貴族の息子の家庭教師として仕えていたが、エラスムスの新しい後援者としてその貴族夫人のことを考えて、彼に一度帰国することをすすめた。今しばらくはパリにいたかったエラスムスにとって幸運なことには、個人教授の新弟子としてイギリスの旧家マウントジョイ男爵家の若主人ウィリアム＝ブラントを迎えることができた。そこで彼は急いで帰国して、バットの仕える貴族夫人に面接して後援者になってもらい、イタリアのボローニャ大学へ留学する計画などを話してパリへ戻った。しかし新しい後援者からは思ったほどの金が得られなかったのであろう、彼はにわかにイタリア行きをやめて、マウントジョイ男爵の招待によるイギリス行きを思いたった。一四九九年五月のことであった。

四、新しい神学への道

イギリス訪問　エラスムスは、パリで教えたイギリス青年の一人ロバート＝フィッシャー——この青年はケンブリッジ大学教授ジョン＝フィッシャーの親戚筋に当たる人物で、目下法学博士号の取得のためイタリアに留学中である——そのロバートに書き送った手紙の中で次のように述べている。

「生まれてこれほど楽しい思いをしたことはありません。気候はいいし、人は親切だし、それに陳腐《ちんぷ》ならざる学識——深くて確かなローマ、ギリシアの古典知識に接して、いまさらイタリアなんかへ、遊覧目的でもないかぎり、行く必要もないくらいです。あのコレットの話を聞いていると、まるでプラトンに耳を傾けているような思いです。それからグロースィン——この人の正確無比な博識に驚かぬ者がいるでしょうか。リナカーの批判ほど鋭利深遠なものがあるでしょうか。そしてトマス＝モアほどの篤実高雅な資質の持ち主がいるでしょうか」。

この手紙は「一四九九年一二月五日ロンドン」発となっているが、この時点で当事者たちの年齢を数えると、グロースィン四九歳、リナカー三九歳、エラスムス三三歳（または三二歳か三〇歳）、

ジョン＝コレット
（ハンス＝ホルバイン画）

コレット三二歳、そしてモアが二一歳である。エラスムスともっとも若いモアを除けば、残る三人はいずれもイタリア留学の経験を持つ古典学者である。とくにグロースィンとリナカーはギリシア語にも堪能で、前者はイタリアのロレンツォー＝ヴァラのように古文献の真偽を確定する画期的な業績をあげ、後者は医書を始めとする多くのギリシア文献を翻訳している。比較的若いコレットの方はギリシア語は初級程度であったが、エラスムスにはもっとも深い影響を与えた人物である。このことは若いモアに対しても同じで、コレットはモアの精神上の指導者であった。

マウントジョイ男爵の紹介のおかげで、エラスムスはイギリスの貴族とも知り合いになり、「きつね狩りの腕もなかなかの、ちょっとした宮廷人になりました」と、フランスの古典学者に書き送ったり、ヘンリー七世（在位一四八五～一五〇九年）の王子や王女たちと会って、未来のヘンリー八世に頌詩《しょうし》を献呈したりした。しかし半年余の滞英中にいちばん彼の印象に残ったのは、オックスフォード大学にジョン＝コレットを訪《たず》ねたことであろう。

この二人はほとんど同年輩であったが、コレットの方はすでに一家をなした長者の風格があった。ロンドン市長ヘンリー卿の長男として生まれ、オックスフォード大学で数学とプラトンならびにネオープラトニストの哲学を学び、やがてイタリアに三年間留学して古代教父の神学や教会法を学んで帰国、以後オックスフォード大学にあって新約聖書その他を講じていた。当時のコレットは、前章に述べたような、プラトン復興を標榜《ひょうぼう》するイタリアールネサンスの学風を伝えるところのイギリス新学派の中心的存在であった。これに対してエラスムスの方は、才気煥発《かんぱつ》を売り物にするようなラテン語の達者な文人というか神学者というか、まだ性根《しょうね》のすわらぬところがあった。オックスフォードのスコラ学者をふくむ学寮長や教授連と会食しながら経典釈義論に花を咲かせるという風景は、エラスムスのもっとも好むところだったが、それにつけても、彼は本格的な神学勉強にもっと身を入れなくてはいけないと、ひそかに期するところがあったらしい。コレットから、オックスフォードに落ち着いてラテン文学か旧約聖書を講じてみないかとすすめられて、エラスムスはちょっと当惑したような苛立《いらだ》ちを見せるのである。

「コレット君、軽石《かるいし》から水を求めるような無分別はおやめなさい。ぼく自身ろくに勉強していないことを人に教えるなんて、とてもできる相談ではありません。……ぼくはラテン文学や修辞学を教えにご当地へ参ったのではありません。この種のものはぼくにとってもはや必要もありませんし楽しくもありません。ぼくがそれを辞退するのは、それがぼくの生涯の目的にそうことではないからです。といって経典講読となると、これはもうぼくの力に余ることなので、今のところは残念ながらお引受けいたしかねます」。

これは要するに、エラスムスはコレットが希望し彼自身も希望するような仕事ができるためには、少なくともギリシア語を現在の彼やコレットが知っている以上に知っていなくてはだめだ、ということである。これは、おおらかな国士コレットと、気のまわる才人エラスムスとの対照がよく現れた一事と言うべきであろう。

いずれにせよ、エラスムスはコレットから強い刺戟を受けてイギリスを去ることになった。去り際《ぎわ》に彼にふりかかった災難をここに述べておかなくてはなるまい。それは、フランスへ向けて出帆するドーバー港の税関で、彼が所持金を没収されたことである。その金は貧しい留学生の彼が不時の用に備えて蓄えていたもので、当時のイギリスの金にして二〇ポンド（今のおよそ七〇万円）、それが一〇パーセントの二ポンドを残して取りあげられたのである。マウントジョイ男爵とトマス＝モアから、イギリスの貨幣でなければ大丈夫だと言われていたのだが、若輩の生半可《なまはんか》な法令知識があだになったわけで、がめついことでは有名だったヘンリー七世の持ち出し禁止令は、いかなる国の貨幣にも適用されていたのである。

『古典名句集』

愚痴っぽいエラスムスが、降りかかった災難をいかにくやんだかは、今に残る彼の手紙によって察せられる。しかし気のまわりの速い彼はモアやマウントジョイを始めイギリス人にしっぺい返しを加えることは、先々のことを考えると得策でないと悟ったのであろう。彼らに対する友情は少しも変わるものではないとすることに決めたようである。それというのも、彼が損失をつぐなうためにベストセラーを当てこんで出版した『古典名句集』（一五〇〇年）は、マウントジョイ男爵に献呈されているのである。

この『古典名句集』というのは、主としてラテン文書から引用された名句名言を八百ほど集めたものである。日本でいうならば主として漢文典から採った名句名言集のようなもので、これをひそかに買って読んで、「九仞《きゅうじん》の功を一簣《いっき》に欠く」などと口にしたり、「まさに管鮑《かんぽう》の交りと言うべく……」などと書いたりして学のあるところを見せるのである。西洋では、今でもやたらにラテン文句を会話や文書の中で用いて人を困らせる者がいるが、エラスムスの『名句集』はそういう人びとのための座右《ざゆう》の書としては、おそらく最初のものであったろう。

たとえば「賽《さい》は投げられたり」（Jacta alea est.）というのがある。例のローマの英雄ユリウス＝カエサル（ジュリアス＝シーザー）が出征先の外地から兵を率いて戻り、国境を流れるルビコン川を渡ったときに叫んだと伝えられる文句である。武装して川を渡ることは、中央政府に対する反乱行動として禁じられていたので、あえてそれを断行したカエサルは「賽は投げられたり」と叫んだわけである。ついでながら「ルビコンを渡る」というのも、「断行する」という意味の成句として英、仏、独語いずれにもある。

『名句集』はエラスムスの思わくどおりベストセラーとなった。これは編者自身のギリシア語知識と協力者の増加とともに、新たにギリシア－ラテン名句集として収録数も三二六〇となって再版され、以後何回も改版されて、その間に収録数も四一五一に達した。よく売れたのは一つには金言格言につけたエラスムスの注釈が自由自在でおもしろいこともあった。たとえば「戦争は戦争を知らぬ者には楽し」(Dulce bellum inexpertis.)という金言には、彼の平和論が滔々《とうとう》として続くのである。長い目でみるならば、この編著書は前に述べたような彼の災難をつぐなって余りある結果となった。それは単に金銭のみならず、博識の古典学者としての名声を彼にもたらした。エラスムスのこの方面における仕事、すなわち古典の教養をひろく世間に普及させるという教育的仕事は、彼の生涯を通じて行われたものであって、その事についてはこれからも随時ふれるところがあろう。

神学研究の意欲

一五〇〇年一月、イギリスからパリへ戻ったエラスムスは、まもなくペスト発生でオルレアンへ逃げる。そしてまたパリへ戻るが、翌年の春にはまたパリを逃れて、こんどは久しぶりに生まれ故郷のオランダへ行く。こんなふうに書いてくると、なんだか彼の住所移動はすべてペストのせいのように思えるが、必ずしもそればかりではなかった。彼はオックスフォードに落ち着かないかとすすめられて、それをことわったのはペストがこわいからではなかった。ネーデルランドの旅行中でも彼は名門ルヴァン大学の古典語教授の口に推薦されてそれを辞退している。彼は所属修道院の会士《キャノン》として、院外研修の二度目の延長願いを出して許可されたが、それは今もって神学研修の道で明確な業績をあげていないことが理由であった。

彼はイギリスを離れるとき、一つの決心ができていた。それはジョン＝コレットの上を行くような神学者になることであった。具体的には、もっとギリシア語を勉強して聖書学者聖ヒエロニムスの著作を究めることであった。ヒエロニムスは、四世紀から五世紀にかけて生きたところのローマ教会公定のラテン訳聖書の編者であった。エラスムスは親友のバットにあててこう書いている――「ぼくはヒエロニムスのすべてを復原すること、どんなに膨大《ぼう》でも、また無知な神学者どもの手にかかってどんなにめちゃくちゃになっていても、ちゃんとギリシア語も補充して復原するのだ。はばかりながら前人未踏の仕事なんだ」。

そのためには後援者《パトロン》をみつけることもさることながら、資料を求めてあちこち行ったり、教えを請うたりする自由が彼のためには何よりも必要であった。ペストから逃げまわる自由ばかりが彼の能ではなかった。自由はやがて彼の肉体のみならず精神の糧《かて》としても必須のものとなるのである。

エラスムスはネーデルランド滞在中に、イギリスのコレットに劣らず彼を神学への道へと駆り立てる人物にめぐり会うことができた。それはサントメールの修道院長ジャン＝ヴィトリエであった。この道士は、功徳《くどく》――スコラ神学が細かく規定するところの、神の報奨が伴うとされる善行のことで、功徳のうちには教会の行事に参加することや免罪符購入、巡礼なども含まれる――を重んずるよりは、十字架にかかったキリストが人類に恵むところの救いをひたすら信仰する心がけを強調した。彼は教会の行う儀式典礼を軽んじて、大切なのはもっと素朴で自由な信心生活であると主張した。また修道院の堕落ぶりを容赦なくあばいて、その改革を提唱していた。エラスムスがこの人物から強い刺戟を受けたことが、おそらく彼の最初の宗教的著作『キリスト教兵士必携』を生む一因になったのではないかといわれている。

『キリスト教兵士必携』 この書は一五〇三年(または四年)の二月にアントワープで発行された。著者自身の語るところによれば、彼の親友バットの紹介で知ったある敬虔《けん》な婦人から、信仰心の薄い夫のためになるような本を書いてくれと頼まれたのが、執筆のきっかけになったという。似たような想定が「序章」で行われていて、華やかな宮廷生活に空《むな》しさを感じたある知人の願いをいれて、真実のクリスチャンらしくなるための手引書を書くという体裁になっている。

「序章」に続く本文は、まず人生はさまざまな罪悪、誘惑を敵とする戦いであるから、すぐれた武器を備えなくてはならぬということから始まる。いろいろある武器の中でもっとも大事な武器は、祈ることと知ることとである。「清らかな祈りは人の霊を難攻不落の城塞たる天国へと導き、知ることは知性をして健全なる諸観念にふれさせる」。後者は具体的には聖書を読んで神について知ることであり、神の知恵にふれることであるという。

ところが論旨は一転して人間自身の知恵の論議に移る。人間における知恵の要《かなめ》は、自分自身を知ることにあるという。そこで人間の生態が説明される。人間は「精神的な心と獣的な体」とから成るか、またはオリゲネス（ギリシアのキリスト教神学者）の説のように「霊、心、体」の三つから成る。そしてプラトンの説のように「不滅の心すなわち理性」は人間の頭に宿り、「絶滅の心すなわち情念」は首から下に宿る。要するに当時の通説に従って百科辞典的な説明をしながら、ところどころでたとえば「自分自身を知らぬ者は理性の命令のごとく装われた情念に従うもので、彼らは実際は怒りや妬《ねた》みに動かされているくせに、それを『神聖な熱意』などと称する輩《やから》である」というような、風刺的言辞を弄《ろう》するのである。かくて「徳に至る唯一の道は、第一に人は自らを知ること、第二に情念よりは理性の命令に従って動くことにある」。この場合「徳」とは「神」「キリスト」「至福」と同義語なのである。

さて、人生の戦いの目的や武器、道具が説明されたら、こんどは「人生の過《あやま》ちに満ちた迷路から脱出し、霊的生活の光明に入る道を見出す方式、言うなれば格闘《レスリング》の決め手みたいたもの」二三手に関する説明に移り、最後に特定の罪過に対する救済策が述べられている。

本書は、エラスムスがこれによって初めて自己の神学的な思想や立場を明らかにしたものということができる。それはおよそどんなものであったか、それをいま多少条理だてて略述してみよう。

第一にエラスムスは、教会におけるいろいろの掟《おきて》や儀式、行事を重んずる律法主義、儀式主義よりは、使徒パウロの言うようにキリストが我が身を犠牲にすることによって人類を救おうとした思《おぼ》し召《め》しを信じて、ひたすらキリストの愛にすがろうとする心を重んずる信仰主義に傾くのである。これは、そういう信仰のみがすべてであると主張した後の宗教改革者の道に通ずるものである。

第二には、右のような考え方からおのずから出てくる外面よりは内面、形式よりは実質を尊ぶ思想である。エラスムスはいわゆる魂の入らぬ外面的な行い――「単に供《そな》え物をあげたり、定められた祈りをくり返したり、あるいは一冊の聖書を持ち歩いたり、金物《かなもの》の十字架を首からつるしたり」、あるいは「毎日ミサに出ていて、隣人の不幸には平気でいたり」するような行状を非難する。そして「霊的生活の実践は、儀式に加わることよりはむしろ隣人を愛することにある」と言う。あたかもキリスト教の本質は日常生活の倫理化にありと言わんばかりである。それだけにエラスムスの言説は、教会の玄妙な秘儀や神学上の精緻《せいち》な理屈などになじまぬ者にも通じやすいのである。

第三は、第二からさらに発展することで、エラスムスが教会の教説に対して、俗にいう進歩的で自由な考え方を示していることである。日本でも大師とか上人《しょうにん》とか呼んで高僧を仏《ほとけ》と同じように拝む人びとがいるように、西洋でも聖者、聖人と呼ばれる人物を拝んだり、あるいは彼らの骨とか毛髪とか着衣とかの前にひざまずいたりする習慣がある。それをエラスムスは笑うのである――「特定の聖者を特定の儀式によって礼拝する人びとがいる。たとえば聖クリストフォルスを毎日拝む人がいるが、それはただその聖者の立像の前で手を合わせるだけである。いったい何を眺めているのだろうか。……ある人は聖アポロニアに願をかけて断食する。願は歯の痛みがとれますようにということだ。……この種の崇拝はすべてキリストに戻され、いっさいの物的肉体的損益勘定から切り離されることがないかぎり、断じてキリスト教信仰ではない。ギリシアーローマの昔、病気がなおりますようにと医者の神様アスクレピウスに鳥を一羽供えたり、船旅の無事を願って海の神様ネプトゥーヌスに牛を一頭捧げたりした迷信と大して変わりはない。名前は変われど根性《こんじょう》は同じだ」。「人は聖者を敬《うやま》い、その遺品にさわって喜ぶ。だが聖者の残した最上の遺品、すなわち清らかな生活の模範は、これを顧みない」。

ところで、教会最高の秘儀に「ミサ聖祭」というのがある。それはいわゆる最後の晩餐におけるキリストの言葉（「マタイ」二六・二六―八、「ヨハネ」六・五一、その他）に基づいて定められた儀式で、キリストの体と血とに変化したパンとぶどう酒、すなわち聖体が、司祭の手を介して神に捧げられる祭りである。この場合パンとぶどう酒とを聖体に変える権能は、これもキリスト自身によって使徒たちに与えられ（「コリント第一」一一・二三―六）、それを教皇、司教、司祭が受けついでいるのである。神に捧げられた聖体を信者が口に戴くというのも、キリストの教え（「ヨハネ」六・五三―六）に由来することだが、一般の信者の場合は今ではパンだけに限られている教会が多い。さてこの「ミサ聖祭」に関してエラスムスは次のように述べている所がある。

「もしも人が聖体を受けるとき、それが真に意味すること、すなわちキリストと一体となり、教会の生ける一器官となることを心に留《とど》めるならば、そしてもしも自分の持ち物はすべて万人のものであると思い、他人の災いは自分の災いと同じようにこれを悲しむならば、そのときこそ人は秘儀にあずかって真に得るところがあるといえよう。なぜなら人はそれを精神的な意味において行っているからである」。人は秘儀に加わった回数を数えたりして、まるで出席するというその事がすべてであるかのように思っているが、それはあさましき儀式主義であるという。

教会の教義によれば、聖体とはパンとぶどう酒の変化したものというが、それは文字どおりそうなのであって、司祭はパンとぶどう酒をキリストの体と血のつもりで捧げたり授けたりするのではない。ところがそのような実質の変化を否定して、聖体は精神的、霊的な意味において捧げられたり授けられたりするものであると主張する異説がある。エラスムスは前記引用文にみるように明確に言っているわけではないが、前後の文脈からは、どうもその説に傾いているのではないかと思われる。言いかえれば、エラスムスの思想は教会の正統説にそむく異端思想の疑いがある。聖人崇拝といいミサ聖祭といい、これらはいずれも教会の重要行事のうちである。それに関してあまり自由に批判的言辞を弄《ろう》することは、エラスムスのためにも危険なことである。彼の一見自由で進歩的な思想はいったいどんなことになるのだろうか——それは今後の問題である。

さて第四には、聖書の読み方に関するエラスムスの意見である。彼は本書の初めでキリスト教兵士の武器として、聖書に親しんで神の知恵にふれることをあげているが、彼はそのふれ方を具体的に述べるのである、エラスムスによると、聖書は詩人やプラトンのような哲学者の作品と同じく、表面の意味すなわち文字どおりの意味と、隠れた意味すなわち寓意《ぐうい》とを持っているという。アダムが土から造られたとか、そのアダムのあばら骨からエヴァが造られたとか、神が楽園を散歩しているとか、「要するに、創世の物語のうちに字義どおりの表面的な意味しか見ようとしないならば」、それはプロメテウスが粘土《ねんど》から人間を造ったという古代ギリシアの話と変わることはない。大切なのは背後の寓意を読みとることである。もしも寓意がないならば、聖書ことに旧約聖書の中には、虚構の文学作品にも劣るようなばかばかしい物語が少なくない、とエラスムスは言うのである。当時、聖書に関してこれほど自由で率直な発言をした例はきわめて少ないように思われる。

しかし「隠れた意味をさぐれ」と言っても、エラスムスは各人に「好き勝手な推測」をすすめているのではない。そこには一定の方法、技術があって、それはプセウド＝ディオニシウスの「神の名について」や聖アウグスティヌスの「キリスト教義論」に示されたようなものであるという。この道はそもそもキリスト自身がお示しになり、次いでパウロ、オリゲネスが受けついだのであるが、「近頃の（スコラ）神学者たちはそれを全く無視するか、あるいは手がけてもまことに拙劣である。彼らは細かい議論にかけては、先人をしのぐものがあるが、この道にかけては全くだめである」。一つには隠れた意味を生き生きと表現するためには、ある種の修辞的魅力を必要とするからである。また一つには「近代の神学者たちはアリストテレス一辺倒であり、プラトン派やピタゴラス派を締《し》め出してしまっているからである」。これら後者の学派こそキリスト教にぴったり合うような思想の持ち主であり、その表現方法も聖書のそれに非常に近いのである。「私は今あげてきたような先人の言説を学ぶことをおすすめする。なぜなら私はスコラ学者風の詭弁《きべん》を身につけるよりは、りっぱな暮らし方を身につけてもらいたいからである」。

以上、『キリスト教兵士必携』に表れたエラスムスの神学的思想と立場とを略述したわけだが、有能な古典語学者が新しい神学の道へと踏み出したときの彼の思想の輪郭は伝えられたことと思う。彼が強調するところのキリスト教の実践化、生活化とは要するに日常生活における倫理道徳の実践のことであるから、これはクリスチャンでない人間にも通じやすい思想であろう。実際、「お聖ソクラテス！」と叫んだエラスムスの言説を読んでいると、「キリストに至る道」は「ソクラテスに至る道」とおきかえても、大して変わりはないのではないかと思われるくらい、彼には異教的な心情、嗜好が著しいのである。この事実はエラスムスの思想を考える場合に心にとめておく必要がある。

最後に一つ付言すべき事がある。『キリスト教兵士必携』の読者は、著者の能弁もしくは達筆ぶりが印象に残ることであろう。とりわけ随所にみられる彼の警句的表現は印象的である。このことは用語がラテン語であることを思えば感嘆すべきことであるにちがいない。しかし同時にそれは、まことにすらすらと書けていて、いささか調子がよすぎるという思いにも通ずるのである。著者は滞在先で「二、三日のうちに」書きあげたと言うが、むろん出版するまでには推敲《すいこう》を加えたことであろう。しかし推敲は語法上のことであって、言うべき事の配列、関連の上に加えられたとは思えない。なぜなら、全体に重複、くり返しが多く、同一概念の運用に一貫性がなくて読者が戸惑うこともある（たとえば「武器」という語の比喩《ひゆ》的用法や「自分自身を知れ」という文句の趣旨など）。この冗漫な文体は、ことによると著者エラスムスの知的性格にかかわることかもしれない。『キリスト教兵士必携』は、信者の前で行う説教としては一級品だが、神学上の論考としては未完成品である。

II 壮年時代

——代表的クリスチャン＝ヒューマニスト

五、著述家エラスムス

古写本の発見

エラスムスが三年半のネーデルランド滞在中に行った仕事として、第一に『キリスト教兵士必携』の出版があるが、もう一つ記憶すべき仕事を行っている。それは一五〇四年の夏、ルヴァン近在のある修道院の古い書庫からロレンツォー＝ヴァラの「新約聖書注解」の写本を発見したことである。これは古典語学者ヴァラが聖書の本文に加えた批評的注釈で、教会公定のラテン語聖書の欠陥を指摘するものであった。聖ヒエロニムスの手に成るギリシア語原典からのラテン語訳が完全なものでないことは、神学者の間では周知の事であった。エラスムスが若いときから尊敬していた古典語学者のこのような仕事に接して感激したことは想像に難《かた》くない。すでに述べたとおり、彼は聖ヒエロニムスの著作を校訂編集することを自分の神学上の仕事として念願していたが、この大先輩ヴァラの仕事に出会って、新たに聖書原典の研究ならびに翻訳の仕事を自分の生涯の仕事のうちに加えたのである。このヴァラの「注解」写本はエラスムスの希望に従って翌年の春パリで印刷された。

エラスムスの感激と張切《はり》りは、このような神学上の仕事が旧来の神学者たちによってなされるのではなくて、彼らの目からみれば一介の語学者にすぎない人間の手によって果たされるということにあった。それはエラスムスの目からみれば、聖書と古代教父たちの著書を正しいテクストで正しく読むことによって、硬直した神学の再生を計ることであった。それがコレットの言う「新学問」(New Learning)であり、エラスムスの深く共鳴するところであった。

「親愛なるコレット君、ぼくが神学研究に進もうとしてどんなにあせっているか、そしていろんな事情から足をひっぱられてどんなに苛《いら》立っているか、お察し下さい。昔変わらぬ運勢のわるさで、今もって雑事から解放されません。私がパリへ戻ったのも、なんとかそういう雑事から逃れるためでして、これらがうまく片付いたら、全力をあげて神学研究にとりかかり、それで一生を終わるつもりです」。

しかしコレットと違って財産の無いその日暮らしのせいか、それとも彼自身の性格のせいであろうか、エラスムスの雑事はなかなか終わらないのである。彼は長い間世話になったカンブレの司教の死去(一五〇二年)に際して、ラテン語とギリシア語の碑文をものしたが、その礼金の少ないのにいやみを言ったり、貴族夫人を紹介してくれた親友のバットも同じ年に死ぬし、その夫人も再婚して後援者としては当てにできなくなるし、『古典名句集』が売れているというだけでは、暮らし向きは自転車操業であったにちがいない。

一つには金のためであろう、一五〇五年の秋にエラスムスは再びイギリスへ渡った。イギリスへ渡るに際して例の所属修道院の院長から詰問《きつもん》の手紙がきた。

再びイギリスへ

院長は若き修道士時代の同輩がなっていたが、エラスムスが一日も早く研修を終えて、故郷へ錦《にしき》を着て帰ることを期待していた。それがまたもやパリを離れてイギリスへ渡るというのは、いったいどういうことなのかというわけである。これに対してエラスムスは、まもなく帰るようなことをほのめかしながら、他方ではさらに飛躍するわが身を心にえがいていた。

イギリスではマウントジョイ男爵家やモア家に身を寄せて、コレットを始めとする友人たちと旧交をあたためたばかりでなく、ケンブリッジ大学総長兼ロッチェスター司教のジョン＝フィッシャー、ウィンチェスター司教のリチャード＝フォックス、そしてカンタベリー大司教のウィリアム＝ウォーラムなどと交際をひろげ、フォックスやウォーラムのためにはギリシア古典のラテン訳をものして献呈したりした。そのうえ、ヘンリー七世が彼を引見してイギリスの聖職禄を給することを約したので、彼は所属違いの所から寺禄を受けるための特許状を教皇庁へ申請してこれを下付された。

しかしその寺禄給与が実現しないうちに、思わぬ幸運がおとずれた。それはかねてから願っていたところのイタリア遊学の機会に恵まれたことである。ヘンリー七世の侍医が息子たちにイタリア留学をさせるに当たって、その随行指導役をエラスムスに依頼したのである。若者たちには別に専任の個人教師が付きそって行き、エラスムスの方は必要に応じて勉強の相談に乗ってやるという程度のことであったので、彼は喜んでそれを引き受けた。

一五〇六年六月の初めに一行は出発して、途中パリへ二ヵ月滞留した。その間にエラスムスはイギリスから持ってきた原稿——その中にはモアとの共訳のものもあるが、それらをパリの本屋から出版する手筈《てはず》をととのえたりした。そして八月にはアルプスの山を馬で越えた。越える途中で彼は人生の空《むな》しさを悟って遁世《とんせい》の道にあこがれるような詩想を得た。まだ四〇歳になるかならぬ頃であったが、エラスムスはふとこういう心境になることがあったらしい。しかしそれは「ふと」であって、やがて帰りのアルプス越えのときには、彼は最大のベストセラーの構想を得ているのである。

その頃のイタリア　エラスムスがアルプスから下っていったときのイタリアは、どんな状況にあったか。第二章で述べたように、イタリアは王国、公国、共和国、そして教皇領が分立して覇権を争っていた。

おおコンスタンティヌスよ、測りしれぬ禍《わざわい》のもとは、
おんみの改宗にあらずして、かの大いなる所領、
おんみの与えし豊かなる教皇の所領なり。(『神曲・地獄篇』一九・一一五−七)

コンスタンティヌスはキリスト教に改宗した古代ローマ皇帝である。この一節は教皇が持つ世俗

的性格の生臭《なま》さを歎いたもので、このことは第一章を読み返してもらえれば、おのずから察しがつくところであろう。ダンテの昔にすでにそのような歎きがあったとするなら、エラスムスと同時代の教皇アレクサンデル六世とユリウス二世において、その歎きは極まった感がある。両者は、前者の私生児の一人チェザーレ＝ボルジアと並んで、『君主論』の最大スペースをしめる人物である。マキアヴェリの著書は、いかに君主が君主を倒して自己の領土、勢力を保全拡大するかを教えた書である。著者にとって三人の政治的活動は絶好の教材であった。

マキアヴェリ

当時ヨーロッパ－キリスト教国は、一四五三年に東ローマ帝国を滅ぼした「邪教徒」トルコの脅威にさらされていた。中でもイタリアは露骨な侵略を受けていて、一四七九年には、貿易ルートをおさえられたヴェニス共和国が「邪教徒」と和親協定を余儀なくされ、翌年にはイタリア東南端のオトラントーが占領され、さらに翌年にはローマがあやうく占領されそうになった。一四九九年から一五〇三年にかけて、ヴェニス共和国は再びトルコと戦って、一時は首都の西方一〇〇キロたらずの所にまで侵入された。それだけに一五〇〇年、教皇アレクサンデルが十字軍を提唱したのは、十分に根拠があってのことであった。

それをイギリスのヘンリー七世がおつき合いに金を寄付しただけでことわったのは、「邪教徒」によってローマやウィーンが蹂躙《じゅうりん》されてもかまわないと思っていたからではなかった。それは、なるほどヨーロッパ－キリスト教国護持のためではあったろうが、敵はトルコにあるよりはむしろイタリアにあることを知っていたからである。十字軍に参加したフランス王のひそかにねらう敵はミラノ公国であったし、スペイン王の敵はナポリ王国であったし、教皇の敵はすなわち「ボルジア王国」としての教皇領の敵であった。合従連衡《がっしょうれんこう》に加わりそこねてナポリ王やミラノ公は「邪教徒」トルコに援助を仰いだり、それがまたヨーロッパ－キリスト教国の背教者として攻撃の大義名分にされたり、——知れば知るほど、ダンテの歎きがくり返されるというものである。

ユリウス二世が枢機官時代にフランス王と組んでアレクサンデルの打倒を謀ったのは、なるほど「ペテロの遺産」たる教皇領を私物化せんとした瀆神《とくしん》行為を防ぐための企てであったろうが、チェザーレ＝ボルジアの策略を出しぬいてみごと教皇座を獲得した彼の手腕は、必ずしも神意にかなうものではなかった。

「ユリウスが教皇座についたときは、アレクサンデルのおかげで、教会は強く、教皇領は安泰で、領内の貴族は無力であり、派閥争いも絶えていた。しかし同時に、アレクサンデルの前にはみられなかったような金のため方も受けつがれた。ユリウスはそれらを守るばかりか、さらに発展させて、ボローニャを取り、ヴェニスを倒し、フランス勢力をイタリアから追い払おうと企てた」。

（『君主論』第一一章）

欺瞞《ぎまん》と戦争とが同居していたイタリアにおけるこの時代は、また教皇の世俗的威勢がもっとも盛んなときであった。ローマ大聖堂の新築が始まったのもこの頃であり（一五〇六年）、教皇アレクサンデル、ユリウスの二人は華やかなイタリアールネサンスの最大のパトロンのうちに数えられる人物であった。なんとも一筋縄《ひとすじなわ》ではいかぬ人間の複雑さを物語る一事であった。

イタリアのエラスムス　マキアヴェリの文章の最後の方に、「ボローニャを取り、ヴェニスを倒し……」とあるが、そのボローニャを取って、教皇ユリウスが威風堂々と乗りこんできたときに、エラスムスもまた同市に到着したか、あるいは教皇を迎えていたのである。彼がアルプスを下ってトリノ市に着いたときに、トリノ大学は彼に神学博士号を贈った。かつては彼の後援者だった貴族夫人から「イタリアへ行って神学博士になれ」と言われたことがあるが、期せずしてそれが果たせたわけである。そして、当面の目的地ボローニャに到着するや否や戦禍を避けてフィレンツェに移動し、再び戻ってきたというところである。

エラスムスはその年（一五〇六年）の暮れまで留学生たちの相談役を勤めてからは、自由の身になったようである。彼は『古典名句集』の増補や古典の翻訳にとりかかった。そして翌年一〇月ヴェニスへ移った。当時一流の出版社として知られていたアルドス－マヌティウスから本を出すため

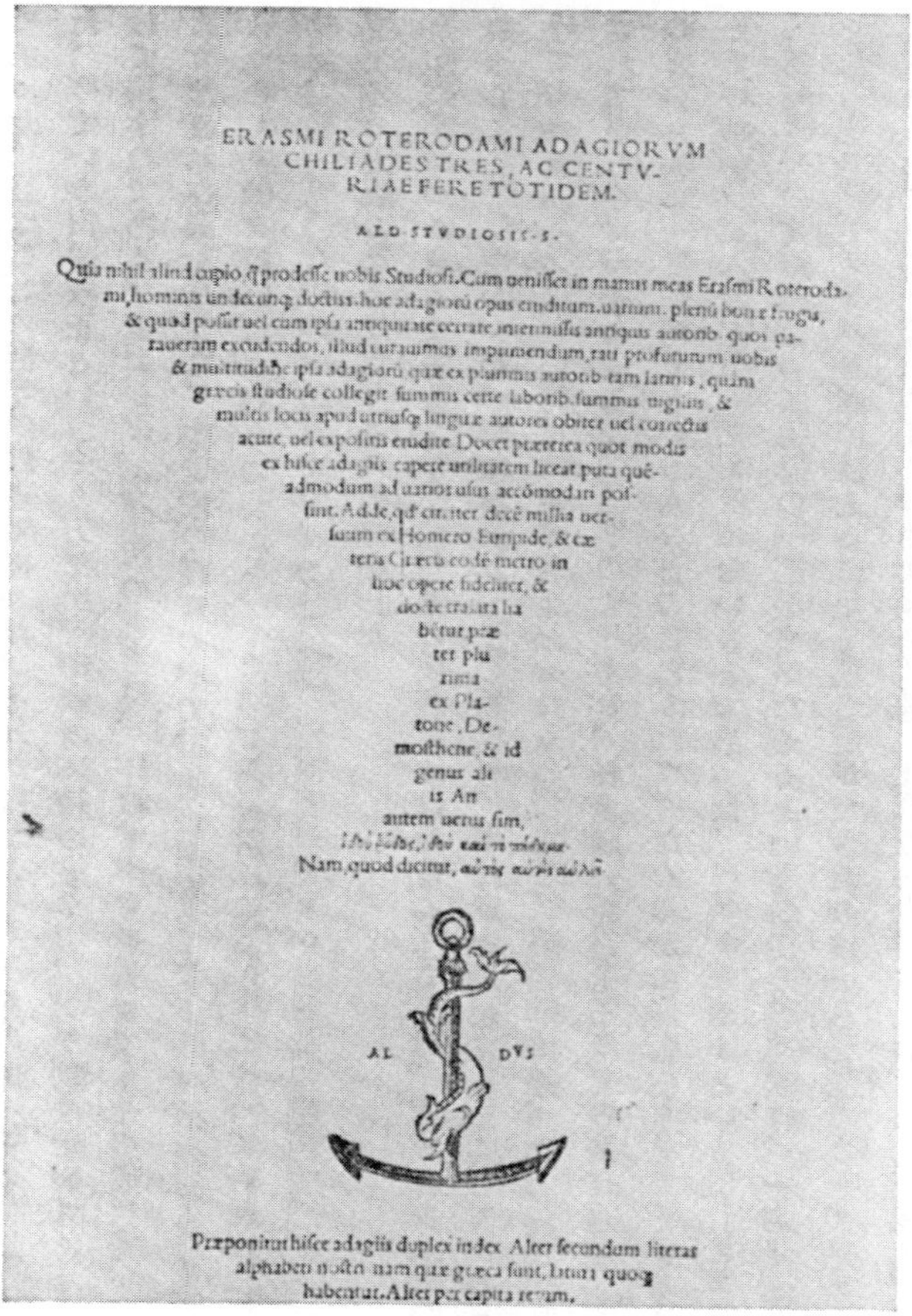

ERASMI ROTERODAMI ADAGIORVM
CHILIADES TRES, AC CENTV-
RIAE FERE TOTIDEM.

ALD. STVDIOSIS. S.

Quia nihil aliud cupio, quam prodesse uobis Studiosi. Cum uenisset in manus meas Erasmi Roteroda-
mi, hominis undecunque doctiss. hoc adagiorum opus eruditum, uarium, plenum bonae frugis,
& quod possit uel cum ipsa antiquitate certare, intermissis antiquis autorib. quos pa-
raueram excudendos, illud curauimus imprimendum, rati profuturum uobis
& multitudine ipsa adagiorum quae ex plurimis autorib. tam latinis, quam
graecis studiose collegit summis certe laborib. summis uigiliis, &
multis locis apud utriusque linguae autores obiter uel correctis
acute, uel expositis erudite. Docet praeterea quot modis
ex hisce adagiis capere utilitatem liceat, puta quem-
admodum ad uarios usus accomodari pos-
sint. Adde, quod circiter decem millia uer-
suum ex Homero, Euripide, & cae-
teris Graecis eodem metro in
hoc opere fideliter, &
docte tralata ha-
bentur, prae-
ter plu-
rima
ex Pla-
tone, De-
mosthene, & id
genus ali-
is. An
autem uerus sim,
ἰδοὺ ῥόδος, ἰδοὺ καὶ τὸ πήδημα.
Nam, quod dicitur, αὐτὴ αὐτὴν αὐλεῖ.

AL DVS

Praeponitur hisce adagiis duplex index. Alter secundum literas
alphabeti nostri, nam quae graeca sunt, latina quoque
habentur. Alter per capita rerum.

『古典名句集』の扉

であった。彼はここの活字が好きであった。それからおよそ八ヵ月の間、彼の印刷所暮らしが続いた。今でいう出張校正というやり方だが、印刷所に詰めきりで、ゲラ刷りを出てくるそばから校正して戻すのである。『名句集』増補版のときは、印刷すべき原稿までもその場で書いて渡すというような流れ作業をやった。印刷機の騒音の中で、彼自身言うように、「耳を搔《か》く暇もないくらい」せっせと原稿を書いたというのだから、よほどこの種の仕事が性《しょう》に合っていたのにちがいない。結局、翌一五〇八年の一二月まで、『名句集』増補版やギリシア古典の翻訳書、ローマ古典の校訂版などの出版のためにヴェニスに滞在した。

印刷所につめきりで古典文学や名句集の出版にはげむなんてことは、どうみても当時の神学博士のやることではなかった。今なら売れっ子の物書き、著述家を連想するところであろう。それにつけてもエラスムスはいい時世に生まれ合わせたものである。第二章で述べたとおり、印刷術が発明されてから半世紀そこそこで、活字のよしあし、好き嫌いが言えるほど技術は進歩していた。自分の書いた物が一度に何千という人びとの目にふれて、なんらかの影響を与えるということは、それまでの学者、文人などの考えも及ばないことであった。ベストセラーという現代の言葉がその著書に適用され、文筆によって生計の一部がまかなえるという最初の著述家は、一六世紀のエラスムスであった。ヨーロッパ各国に数えるに足る読者層ができたのは一八世紀のことであったのを思えば、エラスムスの出現は異例の早さである。忘れてはならないことは、彼の著書は近代国語でなくてラテン語で書かれ、ひろくヨーロッパ世界に流通したことである。当時の出版業者にとって魅力ある商売になるのはラテン書の大量出版であった。今で言うならエラスムスはさしずめ国際的作家と呼ばれそうだが、事実はそうではなくて、彼は中世以来のヨーロッパ－キリスト教国の作家として書いたのである。その頃ヨーロッパは近代国家に分裂しつつあったという歴史的状況を思えば、エラスムスはヨーロッパ－キリスト教国の最後の作家であり、新しい印刷術を利用して、この国全体にひろがる不特定多数の読者層を相手に書きまくったことを思えば、彼は近代的意味の最初の著述家であった。

さてヴェニスで仕事を終えると、エラスムスはヴェニスの西方三〇キロのパドアへ移った。その地に留学しているスコットランド王ジェームズ四世の庶子で若輩ながら大司教の地位にあるアレクサンダー＝スチュアートの個人教師（修辞学）の役を引き受けたからである。間もなく教皇ユリウスのヴェニス攻撃の危険が迫ったので、彼らはフィレンツェの南方シエナに避難した。そこからエラスムスは暇を得てローマを訪れた。すでに知名の古典学者で、神学上の見識もある著述家として、彼は教皇庁の枢機官や高僧から丁重な歓待を受けた。しかしローマにおける彼の動静については、こんにちまで余りわかっていない。

一五〇九年四月二一日にイギリスのヘンリー七世が死去した。そしてがめつい国王によって蓄えられたすべてを受けついで王子ヘンリーがチューダー家二代目の王となった。幼少の王子時代から面識のあったトマス＝モアは、新王ヘンリー八世戴冠の頌詩《しょうし》の中で次のように歌い上げている――

今や屈従去りて自由ぞ来たる、
鬱気《うっき》は絶えて歓喜ぞ羽《は》ばたく。

同じく王子時代に頌詩を贈ったことのあるエラスムスのもとへは、マウントジョイ男爵から次のような手紙が送られてきた――

「天は笑い、地はこおどりしています。何もかもが乳や蜜やネクターであふれています。貪欲はこの国から逃げ去りました。国王陛下のお求めになるのは、金銀宝石のたぐいではなくて、美徳、栄光、不滅の価値であります。その証拠の一端をお目にかけましょう。つい先日のことでした。陛下はもっと学問がしたいとおっしゃいましたので、私は『それはお心得ちがいでございます。私どもが陛下にご期待申し上げるのは、陛下が学者を育成奨励なさることであります』と申し上げたところ、陛下は『ああ、それはもちろんさ。学者のいない世界などは生きがいがないからね』とおっしゃいました」。そして男爵はエラスムスに対して、「わが財を受けて当代随一の賢者になれ」と言うにきまっている王のいるイギリスへ、一日も早くくることをうながしている。いわゆるルネサンス－スタイルの派手な言い方を割り引いても、当時のイギリス人には治世の交替がよほどうれしかったことが察せられるのである。

マウントジョイによると、『古典名句集』に感服しているカンタベリー大司教ウォーラムは、エラスムスの来英次第彼に聖職禄を給与すると約し、とりあえず旅費として五ポンドを送るという。これはマウントジョイ自身の追加があって一〇ポンドになった。

同年八月、エラスムスはイタリアをあとにしてアルプスへ向かった。行きのアルプス越えのときは、わが身の来《こ》し方行く末をはかなむラテン詩の構想を得たが、帰りのアルプス越えは、著述家エラスムスの最大のベストセラー『痴愚神礼賛』の構想を生んだのである。

六、『痴愚神礼賛』

痴愚の効用

『痴愚神礼賛』(*Moriae Encomium*)は、エラスムスがイギリスへ着いてトマス＝モア家に身をよせたときに、旅行中に得た構想に基づいて書きあげたものである。まず「親友トマス＝モアに捧げる」という献辞がついていて、その中で、「モア」(More)という名のラテン語形が「モルス」(Morus ギリシア語では「モロス」と発音して「馬鹿」という意味)であり、それから「モリア」(Moria)という女性形を思いついて、これを「痴愚女神」としてほめたたえる、というような言葉の洒落《しやれ》を述べている。モアにひっかけたところは駄洒落だが、知恵の女神ミネルヴァの向こうを張ってモリアという痴愚の女神を造り、この女神に「人生万事痴愚で動くの」という演説をぶたせる趣向は、当時としては出色のものであろう。つまり「馬鹿万歳《ばんざい》！」とも題すべき書である。

女神モリアは豊饒《ほうじょう》の神プルートスと「艶麗《えんれい》でいちばん陽気な」侍女ヘーベーとの間に生まれ、酒神《バッカス》の娘の「陶酔」と牧羊神《パン》の娘の「無知」との乳房を吸って育ち、現在は「自惚《うぬぼ》れ」「追従」「忘却」「怠惰」「逸楽」「軽薄」「放蕩」という娘たちにかしずかれ、「私がいつまでも世界を支配し、

帝王たちの上に君臨できるようにと、忠実に手助けをしてくれます」。（「陶酔」以下の寓喩的妖精はみな著者の創意に成るもの）

そもそも人間は、この世に生まれるということが、この女神のおかげなのであって、生殖という「酔っぱらいめいたおかしな戯事《ざれごと》」の後に、「笑わずにはその名も言えないような」下卑《げび》た器官から生まれてくるのである。さてその次は生きることだが、この人生、快楽がなかったら、つまり、「痴愚女神の味つけ」がなかったら、なんの生きがいがあろうか。ソポクレス（ギリシアの悲劇詩人）の言い草じゃないが、賢《かしこ》さが少なければ少ないほど、人生住みよくなるのである。人生の初めのころがいちばん楽しいとか愛らしいとか言うけれど、それは要するにこの女神の魅力、すなわちバカの魅力にあふれているからで、やがて子供たちが成長して「物事を学び、経験を積み、おとなの知恵を身につけてゆくにつれて、その愛嬌《あいきょう》は色あせ、その溌剌《はつらつ》さは衰えやつれ、その陽気さは冷えてゆき、その活気は減少してしまうのです。人間が私から遠ざかれば遠ざかるほど、いよいよ生き生きとしたところがなくなるもの。そのあげくの果てにやってくるのが」老年期で、――「この私が、墓場とすれすれのところにいる老人を、最初の幼年期へ連れ戻してやらなかったら、だれひとりとして、この老年期にがまんできるわけはありますまい」。老人と幼児とは「頭髪の色の薄い点といい、歯のない口といい、ひょろひょろした体といい、乳が好きなことといい、もごもご言う点といい、片言をしゃべる点といい、物覚えが悪い点といい、不注意な点といい、両方ともよく似ていますね。ですから、年をとればとるほど、この類似はくっきりと出てきまして、老人はついに幼児のように、人生を愛惜することも死を感ずることもなしに、この世をおさらばすることになるのです」。

成人男女の愚かさ

こうして幼児から老人に至るまでの人間と痴愚女神とのかかわり合いを述べてから、こんどは成人の愚かな行状をならべたてていく。人間の賢さとは理知に導かれることであるとするなら、愚かさとは情念のまにまになることであり、ジュピター大神はおよそ一対二四の割合いで理知を人間の頭に、情念を体全体に配分したという。情念の中でもっとも勢威をふるうのは「怒り」と「淫欲」で、理知が頭の中からいくら叫んでも、人間はこの二大情念に翻弄《ほんろう》されてしまうのである。

しかしこれは人間の男について言われることで、女はもともと「阿呆《あほう》でとんまで」、プラトンが理性を備えた生物の中に女を入れるべきかどうか迷ったくらいである。しかし阿呆そのものである痴愚女神からみれば、これはけっして悲しむべきことではない。なぜなら痴愚に恵まれておればこそ、女は男よりも幸福になれるからである。「男にとって女のいちばん良いところは、彼女たちの痴愚以外にはないのではないでしょうか。男たちが、女のために約束しないことが何かあるでしょうか。さて、それとひきかえに求めるものは？快楽以外にはありません。ところが女たちは、痴愚の力によってこそ男を喜ばせてやれるのですよ。これは、男が女といっしょに快楽を味わおうと思うたびに、女に向かってなんという愚にもつかぬことを言うものか、女のためにどんなバカなことをするものかをお考えになったら明々白々になりますよ」。

男女の間がこういうものならば、「偕老同穴《かいろうどうけつ》の契りといわれる結婚」や夫婦の間についても同様で、「生娘《き》が結婚式はるか以前にどんなことをして遊び戯れていたか」、あるいは妻女の品行がどんなものであるかが、すべてわかってしまうほど男が賢明であるならば、結婚とか夫婦なんてものは全く呪《のろ》わしいものになることだろう。

要するにこの痴愚の女神がいなかったら、ということは「人びとがお互いに幻を作り合うこともせず、お互い同士のペテンや追従もなく、……痴愚の蜜をやりとりしてお互いにまるめ合うことがなかったとしたら、人民はその領主様を、下男はそのご主人を、侍女はその奥方を、生徒はその先生を、友人はその友人を、妻はその夫を、使用人はその雇い主を、同僚はその同僚を、主人はそのお客を、そう長いあいだ我慢していられるものではありますまい」。

自称賢者のおめでたさ　ざっとこんな調子で女神モリアは、人生百般の愚かさを良きものとして語っていく。話題に順序があるわけではないから、思いつくままに話が変わったり、似たような話がくり返されたりする。そのうちに「人間どものバカ騒ぎや気違いざたを一つ一つ述べつづけても」きりがないから、今度は「人間の中で、みずからいかにも賢《かしこ》そうなふりをし」、ひたすら知恵を追求すると自惚《うぬぼ》れている連中の話をしよう、というわけから、文法学者、修辞学者、詩人、文人、法律学者、論理学者、哲学者、そして神学者を槍玉《やりだま》にあげる。いずれも作者エラスムスにとっては身近な人間だけに、話が具体的で生き生きとしてくる。とりわけ最後の神学者には修道士もふくまれて、ページ数がもっとも多い。神学者は中世以来のスコラ神学者のことで、彼らはすべてバカ扱いされる。

「わが神学者先生たちは、たわいない道化にふけり、おかげで一度も聖書をひもといてみる暇もないくらいです。そしてこのご連中は、自分らがほうぼうの学校でこうしたバカ遊びをして楽しんでいるかぎり、全教会の礎《いしずえ》は自分らの三段論法の上に安泰であるし、自分らがいなくなれば社会は崩壊するであろう……などと考えているのです」。

それなら、どんな「バカ遊び」を楽しんでいるのかというと、「ダンス＝スコウタスの生まれ変わりと思われるほどのえらい神学者」が、イエスという名前にひそむ神秘をみごとに解きあかしてしまった話に、それをうかがうことができるという。

「その神秘は数学に関係があることなのです。事実わが大先生はイエス（Jesus）の名を二つの均等な部分に分けるのですが、まんなかにあるsという字を孤立させました。その次にこのsという字は、これまさにヘブライ人たちが Syn と呼んでいる文字にほかならないと主張いたしましたが、Synとはスコットランド語で確か罪という意味であります。結論として、イエスはこの世のもろもろの罪を消し去ったはずだということになったのです」。

この文章の主旨は、Jesusの中央にあるsを境にして左にプラス、右にマイナスと分けられ、s(sin)＝0ということであろうか。まことにおそれいった迷論だが、要するにこういう手合《てあ》いを始めとする自称賢者どもは、痴愚女神のおかげで栄えているくせに、「その恩恵を秘め隠して」、もっともらしくふるまっている連中なのである。

おえら方のあさましさ　さて自称賢者がすむと今度は王侯、廷臣、ならびに教皇、枢機官、司教の番である。王侯という地位は、多少とも知恵のある人間なら「まっぴらごめんだ」と思うところであろう。それというのも、「真に君主らしく行動しようとする人間の身に降りかかってくる重荷の重さがどれほどかと考えましたら、偽誓や親殺しまでして王冠を手に入れたいなどと、いったい誰が望みましょう?」ましてその王侯に「へいへいしている」廷臣どものバカさかげんに至っては、もう沙汰《さた》の限りであるという。

俗界の権力亡者どもと好一対をなすのが聖界の高僧たちである。ローマ教会の開祖「ペテロは聖書の中でキリストに向かって、『私たちはいっさいを捨ててあなたに従いました』と言っているにもかかわらず、教皇様がたはこの聖人のためと称して、領地や町や貢物《みつぎもの》、税などという財産でまさに一王国を作りあげているのです」。そしてこれを「ペテロの遺産」と称して増やすことこそすれ、減らすことなどは夢にも思っていない。「あれほどの財宝、栄誉、権力、役職、免許、課税、免罪符、あれほどの快楽」、そして「山ほどいる書記、公証人、弁護士、検察官、秘書官、衛兵、馬丁、銀行家、女衒《ぜげん》――それから、もっとひどい単語をひとつ言いたいところですが」、まあ遠慮して、要するにこういったものが教皇庁の中味《なかみ》だというわけ。それで教皇自身は何をしているかといえば、「いっさいをほうり出して、戦争をそのおもな仕事にしています」。

大本山の教皇がそんな始末だから各国の司教のほうも似たり寄ったりで、「ドイツのある司教たちは、いともあっさりと礼拝や祝福や典礼を捨て去って、公然と君主を気どり、戦場以外の場所でその雄々《おお》しい魂を神にお返しすることは、司教職にふさわしからぬことと信じこんでいます」。

しかし、高僧たちのやっている事をこんなふうに詮議《せんぎ》だてすると、この書においては痴愚神が自画自賛するという本来の目的から逸脱して「風刺文を綴《つづ》っているような恰好《かっこう》になりそうだ」と述べているが、事実そのとおりで、前の「自称賢者のおめでたさ」を述べるあたりから、痴愚神が自画自賛することによって風刺するというよりは、愚かなのがけしからんと言わんばかりに、対象を直接批判論難するという調子に変わってくるのである。このことは本書の最後の部分、既成神学者の聖書解釈を批判してキリスト教の真意を述べる所へきて、いよいよはっきりと現れてくる。

『痴愚神礼賛』に関する批判的考察

痴愚神は聖書の文句を数例引用して、それらに関する「大神学者先生」がたの愚劣な解釈を批判しながら、みずから正しい解釈を示す。痴愚神の言う正しい解釈だから、さぞかしそれは裏返しの逆説かと思うと、そうではない。この女神はいつのまにか痴愚の仮面をとりはずして、まじめに積極的に聖書談義を始めているのである。そして最後に、キリストは子羊を重んじたが、アリストテレスはそれを愚かな獣としているように、キリストは使徒たちを始め信者たちに向かって「熱心に痴愚を勧《すす》めておいでです」という。そしてその教えを受けた使徒たちはパウロを始めとして同じように痴愚を熱心に説いていることを、聖書からの豊富な引用をもって立証しているのである。

さてこうなると、今までこの女神が痛烈にやっつけてきたところの自称賢者やおえら方の愚かさ、さらにはその前の人間一般の愚かさと、この使徒たちを始めとする熱烈なクリスチャンの愚かさとは、同じことなのだろうか――読者は読みきたってここに至り、話がなんだか変だと首をかしげることであろう。

「パウロはこう言っています、『神は世間の目には愚かな者を選び……』と、さらにまた『神は愚かさをもって世を救おうとなさった』と。なぜならば、知恵をもって世を正《ただ》すことはできなかったからです。神ご自身も、予言者の口をかりて十分にその旨《むね》を述べています、『私は知者の知恵を滅ぼし、賢い者の賢さを空《むな》しいものにする』と。神は賢人たちには救いの玄義を隠してしまい、ごく小さい人びとつまり愚者だけに、これを啓示したことを喜んでおられるのです」。
「そして」と、痴愚神はつづけて言う、「これは、キリストがパリサイの徒、律法学者などを容赦なく攻撃し、その一方で無知な民衆を熱心に守っている福音書の文章とも一致しております」。

前に「この女神はいつのまにか痴愚の仮面をとりはずした」と述べたが、あるエラスムスの伝記作者は、「思いもかけず冗談から真剣が生まれた」と述べている。この作者はエラスムスを『ガリヴァー旅行記』の作者スウィフト（一六六七〜一七四五年）になぞらえているが、『ガリヴァー旅行記』は人間の卑小、醜悪、偏屈、愚劣——要するに痴愚を徹頭徹尾からかったもので、作者の一貫した超脱《ディタッチメント》ぶりが風刺文学としてこの作品に稀《け》有の成功をもたらしたのである。スウィフトはガリヴァーという実直な舟乗りの口を介して語らせているのに対して、エラスムスはモリアという機敏な女神の口を介して語らせているわけだが、この文学的手法は、別のエラスムスの伝記作者によると、完璧《かんぺき》であるという。事実は残念ながらスウィフトほどには成功していない。それというのも徹頭徹尾からかうかにみえたその風刺的手法は「思いもかけず」挫折して、女神はいつのまにか素顔のエラスムスに成りかわるからである。終わりの方になって話がなんだか変になるのも、このような一貫性の欠如によるのである。

しかしこのような構成上の不備は、すでに『キリスト教兵士必携』に関して指摘したように（第四章）、今に始まったことではない。修辞上、配列上の重複、くり返しもまた同じことだが、ただそ

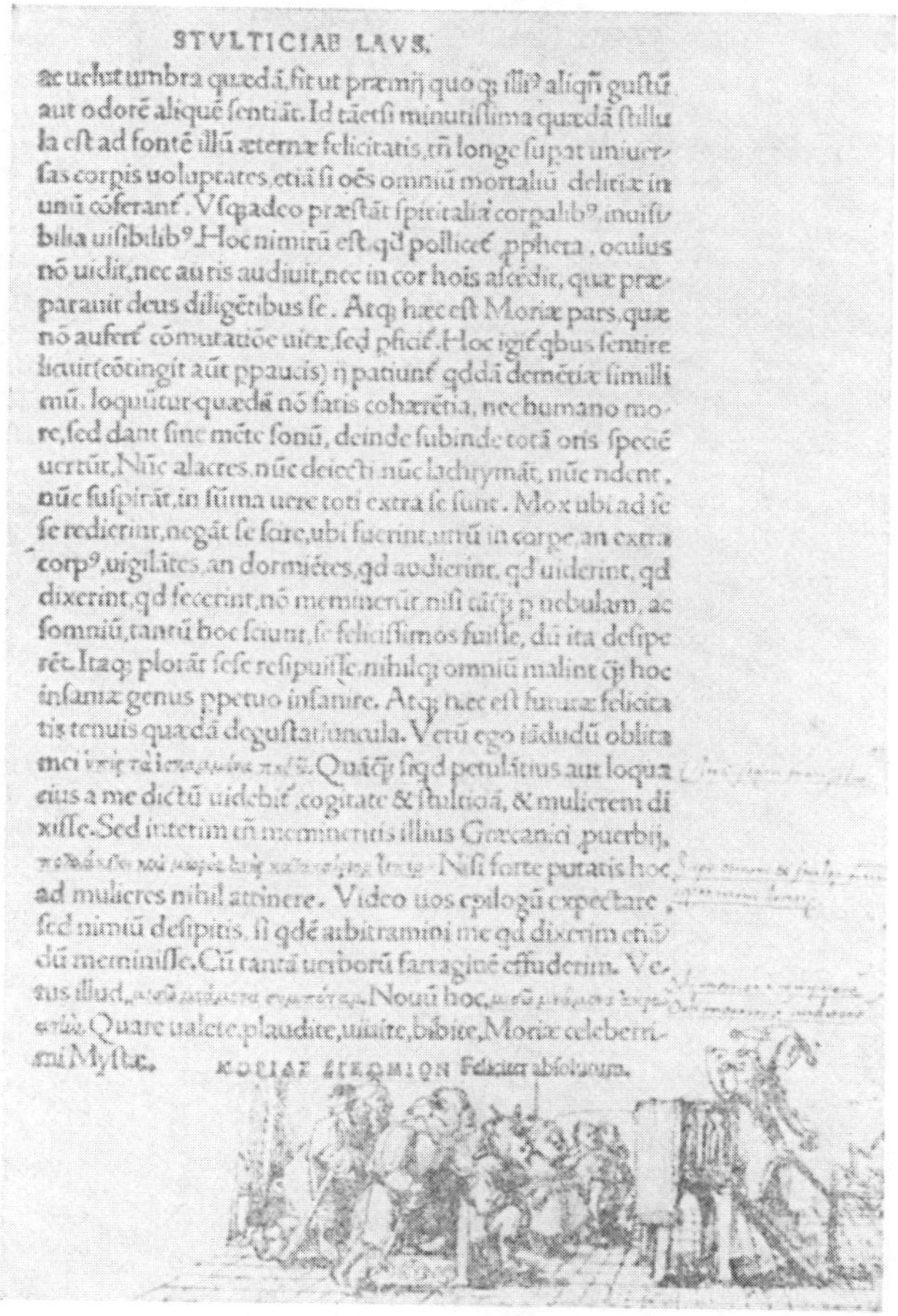
STVLTICIAE LAVS.

ac uelut umbra quædā, fit ut præmij quo q; illi⁹ aliqñ gustū aut odorē aliquē sentiāt. Id tāetsi minutissima quædā stillula est ad fontē illū æternæ felicitatis, tñ longe supat uniuersas corpis uoluptates, etiā si oēs omniū mortaliū deliciæ in unū cōferant. Vsq; adeo præstāt spiritalia corpalib⁹, inuisibilia uisibilib⁹. Hoc nimirū est, qd pollicet ppheta, oculus nō uidit, nec auris audiuit, nec in cor hois ascēdit, quæ præparauit deus diligētibus se. Atq; hæc est Moriæ pars, quæ nō aufert cōmutatiōe uitæ, sed pficit. Hoc igit qbus sentire licuit (cōtingit aūt ppaucis) ii patiunt qddā demētiæ simillimū. loquūtur quædā nō satis cohærētia, nec humano more, sed dant sine mēte sonū, deinde subinde totā oris speciē uertūt. Nūc alacres, nūc deiecti, nūc lachrymāt, nūc rident, nūc suspirāt, in sūma uere toti extra se sunt. Mox ubi ad se se redierint, negāt se scire, ubi fuerint, utrū in corpe, an extra corp⁹, uigilātes, an dormiētes, qd audierint, qd uiderint, qd dixerint, qd fecerint, nō meminerūt, nisi tāq; p nebulam, ac somniū, tantū hoc sciunt, se felicissimos fuisse, dū ita desiperēt. Itaq; plorāt sese resipuisse, nihilq; omniū malint q; hoc insaniæ genus ppetuo insanire. Atq; hæc est futuræ felicitatis tenuis quædā degustatiuncula. Verū ego iādudū oblita mei ὑπὲρ τὰ ἐσκαμμένα πηδῶ. Quāq; siqd petulātius aut loquacius a me dictū uidebit, cogitate & stultitiā, & mulierem dixisse. Sed interim tñ meminerītis illius Græcanici puerbij, πολλάκι τοι καὶ μωρὸς ἀνὴρ κατακαίριον εἶπε. Nisi forte putatis hoc ad mulieres nihil attinere. Video uos epilogū expectare, sed nimiū desipitis, si qdē arbitramini me qd dixerim etiādū meminisse. Cū tantā uerborū farraginē effuderim. Vetus illud, μισῶ μνάμονα συμπόταν. Nouū hoc, μισῶ μνάμονα ἀκροατάν. Quare ualete, plaudite, uiuite, bibite, Moriæ celeberrimi Mystæ.

ΜΩΡΙΑΣ ΕΓΚΩΜΙΟΝ Feliciter absolutum.

『痴愚神礼賛』の最後のページ

ホルバインによるさし絵は、語り終わって演壇をおりる痴愚女神の図。

の冗漫なおしゃべり文体は、こんどは語り手が痴愚女神であるということから、一つの効果をあげている。彼女の口から語られる人生即演劇の論などは、いかにも痴愚女神らしいおしゃべりで、その結論の部分で彼女はこう言うのである――

「目前の物事《ものごと》に調子を合わさず、慣習に従わず、『飲め、飲まぬなら去れ』という酒宴の掟《おきて》を忘れ去り、人生というお芝居がお芝居であってはいけないというようなことを言う人間は、することなすことがとんちんかんになりますね。それとは逆に、皆さんがたは一介の人間なのですから、一般の人間たち以上のことは知ろうとはせず、おおぜいの人の意見に喜んで頭を下げ、おおぜいの人といっしょになって間違える、これこそほんとうの分別というものですよ」。

これなどはギリシア＝ローマの古典文学に連《つら》なる痴愚神のいかにも痴愚神らしい言い草で、味わいが深い。エラスムスが痴愚神を介してあげる人間一般の愚かさの諸例は、ほとんど古典から採ったものばかりだが、この古典の世界はヘブライの聖書の世界に比べてはるかに人間的で生臭《なまぐさ》い。修道院育ちの単調な生活人であったエラスムスが、人生の衆愚万華《まんげ》鏡《きょう》とも称すべき『痴愚神礼賛』を作り得たのは、ひとえに彼の古典的教養の豊かさによるのである。

『痴愚神礼賛』は一五一一年六月にパリで出版され、初版一八〇〇部はたちまち売れ切れ、翌年の五月には第五版が出ていた。有名なハンス＝ホルバイン（一四九七～一五四三年）の挿絵がついたのは、スイスのバーゼル版（一五一五年）であった。エラスムスは古典学者といっても、たとえばフランスのルフェーヴルのようにアリストテレスに傾倒するというようなところはない。彼はプラトンを重んずるといっても、イタリアのネオープラトニストのような哲学的追求はしない。どちらかといえば文学的で、そのギリシアーラテン語知識を駆使して、ひろく古典の世界に人びとを親しませるところに彼の本領があった。『痴愚神礼賛』は、こういう意味の古典学者エラスムスの代表作であり、エラスムスの名はこれによって後世に覚えられることとなった。

七、「ユリウスのラッパ」

三度目の英国滞在

一五〇九年夏、エラスムスがイギリスに到着してからの約二年間の動静については、彼の手紙が一本も残っていないこともあって、ほとんどわかっていない。彼はモア家やマウントジョイ男爵家に滞在して、『痴愚神礼賛』を書いたり、年来の仕事である聖ヒエロニムスの著作やギリシア語新約聖書の校訂を続けたりしていたことであろう。

一五一一年四月には彼はパリへ出かけていって、『古典名句集』の新訂版や『痴愚神礼賛』の刊行契約をすませて、再びイギリスへ戻り、こんどはケンブリッジのクウィーンズ＝コレジへ寄宿した。ケンブリッジ大学総長であり、ロッチェスター司教であったジョン＝フィッシャーの依頼で、彼は同大学でギリシア語と神学の講義を半年間担当した。翌年には彼の後援者のカンタベリー大司教ウォーラムからケント州の教会司祭禄を与えられたが、彼が不在司祭のままなので、それは特別年金二〇ポンドに換えられた。それでもそれは司祭禄の半額を越えていて、彼が外地にいても支払われるはずであった。大司教が異例の恩典を彼に与えたのは「この古典学の権威がイタリア、フランス、ドイツをさしおいて、あえてイギリスに永住することを選んだ」ためであるという。それは近代的国家意識にめざめた英国民が、中世来のヨーロッパ－キリスト教国最後の文化人に対して抱いた国際的競争心の表れであったといえよう。

こうしてみると、エラスムスの羽振《はぶ》りはいかにもよさそうにみえるが、それは必ずしも彼の経済的安定を意味しなかった。ヨーロッパ－キリスト教国の文壇の売れっ子とはいえ、不定収入の版権料だけでは病身の彼の安楽な生活を保証するものではなかったし、まして大司教からの年金とマウントジョイ男爵からの同額の年金で彼を片田舎《かたいなか》のイギリスにとどめおこうというのは、英国民の思いあがりというものであろう。エラスムスはイギリスにいて、著訳書を献本してはお祝儀を当てこむわが身のみじめさを歎いているのである。

エラスムスの反戦文書　エラスムスは一五一一年頃のヨーロッパを回想して次のように述べている。

「その頃私は来たるべき黄金時代と祝福に満ちたイギリスの島を夢みていました。すると突然目がさめて……かのユリウスのラッパが高らかに鳴って全世界を戦争にかり立てていたのです」。（一五一五年五月）

瑞祥《ずいしょう》限りなきイギリスの島については、すでに第五章後段で述べたが、「ユリウスのラッパ」によってそのエラスムスの夢が破られたというのは、どういうことか。彼はすでにイタリアにおいて時の教皇ユリウスの武勇ぶりを見聞していたが、そのユリウスが一五一一年一〇月にスペインとヴ

教皇ユリウス二世
（ラファエロ画）

ェニスと、さらに一一月にはイギリスをかたらって神聖同盟を結び、フランスを攻撃することを策した。老猾《ろうかい》な教皇と、いつかは教皇になろうと念ずるイギリスの司教兼枢密顧問官ウルズィーのおだてに乗って、二〇歳の絶対君主ヘンリー八世はフランスに宣戦を布告した。そして大敗した（一五一二年）。翌年春にまた、こんどはドイツ皇帝の協力を得てフランスを攻めた。そのすきをねらってフランスの同盟国スコットランドがイギリスへ攻めこんだ。そしてイギリスの留守部隊によって撃滅され、ジェームズ四世とその庶子――五年前にエラスムスがイタリアで教えたあの青年大司教――もまた戦死した。ヘンリー八世はフランスに大勝して意気揚々と凱旋《がいせん》した。

ラテン語を日常語とするヨーロッパ－キリスト教国の最後の市民エラスムスにとって、燃え始めたナショナリズムの心情は無縁のものであった。彼は国をあげて戦勝を祝うイギリス国民と情をわかつことはなかった――

「イギリスはいま疫病に囲まれ、強盗におびやかされ、最下級のワインを飲んでいます（なにしろフランスからの輸入が全くないのです）。しかし、ばんざぁい！　イギリスは戦勝国なんです！」

近代的意味においていわば無国籍者であったエラスムスにとって、戦争は百害あって一利もなかった。その戦争を絶えず画策していたのが教皇ユリウス二世であった。エラスムスはすでに『痴愚神礼賛』の中でそのような教皇の姿勢を風刺したが、さすがに名ざしで論難したわけではなかった。ところがそのユリウスが一五一三年に死去すると、まもなく一つの怪文書が筆写されて出まわった。題して「ユリウス門前払いを喰《く》う」――それによると、教皇が戦争で殺したたくさんの亡者をひきつれて天国の門までくると、ローマ初代の教皇聖ペテロが出てきて彼の入場をことわった。ユリウスは大いに怒って、「何をこの漁師上りが！　今にみておれ。戦死した者どもがもっと集まったら、一挙に天国を攻め落としてやるから」とおどしたというのである。

これは後に活字になって出版されたが（一五一六年）、早くから執筆者はエラスムスだという噂が流れた。彼は折からの大著を新教皇に献上しようとしていたときだけに、この噂は致命傷になりかねない。――「まことに世人は無責任なもので、怪《け》しからんことはなんでも私が書いたことに致します。私もあの文書を見ましたが、全くあきれたもので、誰が書いたか私なりに見当はついていますが、愚かな作者であることは間違いありません。それにつけても私の著書はひろく流布しておりますので文章をまねられることは是非もないと、観念いたしておる次第であります」というような弁解文を、エラスムスは教皇庁のみならず各国要路の人士に送った。それでどうやら万事おさまったらしいが、実はこれは二百年ほどたった後に発表された親友トマス＝モアの手紙によって、真相

トマス＝モア（1527年）
（ハンス＝ホルバイン画）

が判明したようである。

モアの手紙（一五一六年一二月一五日付）はアレン博士の有名な『エラスムス書翰集』の第二巻に収録されているから、今でも読むことができるが、それによるとケンブリッジでエラスムスのギリシア語聖書とヒエロニムス著作集の校訂編集を手伝っていたトマス＝ループセットという人物が、問題の原稿を他の原稿といっしょにあずかったらしい。それが彼の不注意からか故意からか人手に渡り、筆写されて流布したようで、モアは彼から元の原稿をとり戻して、その処置をエラスムスに問い合わせているのである。やっぱり怪文書の作者はエラスムスだったようである。

これについてモアの標準的伝記を書いたチェインバーズはこう言っている――「エラスムスは弁解文の中でうそはついてない。なぜなら自分が書いたのではないとはハッキリ言ってない」。なるほど御覧のとおり、そうは言ってない。もう一度読んで下さい。

さてエラスムスは一五一四年三月、こんどはちゃんと署名して一つの反戦文章を書いた。それは、彼の元の後援者で、ドイツ皇帝マクシミリアン一世および皇孫カール（後の皇帝カール五世）の信任あついサン＝ベルタン修道院長にあてた書簡文で、平和がキリスト教君主間にとりきめられるよう訴えたものである。その中で彼は、戦争がイギリスを一変させてしまい、物価はあがり、人心は荒《すさ》み、彼自身はワインの欠乏で腎臓結石がひどくなるばかりだと述べている（当時ワインは結石に効くと信じられていた）。この文章は後に加筆され、前述のように（第三章）「戦争は戦争を知らぬ者には楽し」という名句をつけて、一五一五年版の『古典名句集』に収録され、同一七年には単行本として公刊された。

『平和の訴え』　エラスムスはもう一つ重要な反戦文書を公刊している（一五一七年一二月）。それは『平和の訴え』と題するもので、当時のユトレヒトの司教フィリップに捧げられているが、実は司教が後見役のひとりであった若きネーデルランド領主カール（前述のとおりマクシミリアン一世の孫、一五一六年三月にはスペイン王カルロス一世）のために書かれたものであった。それというのは次章で後述するように、エラスムスをカールの特別顧問官に推挙した官房長官ル＝ソヴァージュは、カールのために『キリスト教君主教育論』を書くことをエラスムスに依頼してから、つづいてこの『平和の訴え』の執筆も依頼したのである。ル＝ソヴァージュは、ヨーロッパ諸大国の領土争いに巻きこまれて、ネーデルランドが内乱の場と化すことを恐れ、自国の統一と平和を守ることに努めながら、当面の政策としては親仏外交を推進していた。そういう事情がエラスムスの『平和の訴え』の中にも反映していることがわかるのである。

しかし全体として『平和の訴え』は現実の政治的状況をふまえたところの平和論ではない。それはいつの時代、状況にも通用するような理想主義的平和論である。とくに前半はそうである。『痴愚神礼賛』と似たような趣向で「平和の女神」が登場して、もっぱらその口を通じて平和が訴えられる。

「キリストの教えが何よりも力をこめて説いていること、つまり平和と相互の献身を」どうして信者たちは体得できないのだろうかと、平和の女神は歎く。「猫の額《ひたい》ほどのちっぽけな土地を自分の領地に組み入れたいがために、あらんかぎりの動乱をまきおこして、恬《てん》として愧《は》じないような君主たち」の争い、学派同士の狂態をくり返す学者たちの争い、さては司教、司祭、修道士たちの争い、さらに転じて夫婦間の争い、一個人の心の中の争いと、例によってエラスムスは人間の争いの総まくりをしてみせる。同じ趣旨の文句の重複、くり返しが行われるのも相変わらずである。

後半になると絶えまない聖書への言及を離れて、論難が当時の事例をふまえたものになる。「過去一二年の間に交わされた戦争」はすべて君主たちの利益のために企てられ、民衆の犠牲において遂行されたものばかりで、しかもその戦争に教皇、司教、司祭までが積極的に加わっているという。このあたりは、教皇ユリウスの行動を始めとする当時の事情を知って読むと、いちいち思い当たる節《ふし》があって、論難が生彩を帯びてくる。

「今では、司祭たちが従軍し、司教たちが野戦の指揮官になっています。……さらに言語道断の不条理というべきは、十字架のしるしが敵味方双方の部隊、双方の陣営に輝いていること、またミサ聖祭がこれら双方で行われていることです。十字架が十字架と戦い、キリストがキリストと戦争するとは！」

こういう事例は何もエラスムスの「今」に始まったわけではないことは、すでに第一章、第五章で述べたとおりだが、それをこういうふうに弾劾《だんがい》したのは、おそらくエラスムスが初めてではなかったろうか。

そこでこういう戦争を防止し、平和を確立する「具体策」が述べられるわけだが、結局それらは精神論か理想論になってしまう。

「堅固な平和が確立されるのは、(王侯家の)縁組関係によるのでもなく、条約によるのでもありません。むしろこういうものからしばしば戦争がひき起こされることは、われわれが見ているとおりです。まさにこの災厄がふき出る源泉そのものが浄《きよ》められなければならないのです。つまりよこしまな貪欲、これが騒乱をひき起こす張本人」。

「王位継承問題については、血縁関係のもっとも近い者、あるいは人民投票によりもっとも有能と認められた者が、君主の跡目を継ぐべきでしょう。その他の王子たちは貴族に列せられることで満足すべきです。私利を考えず、ひたすら公共の利益を標準にしていっさいを計るということこそ国王たるべき者の心構えです」。

「戦争は全国民の承認がないかぎり断じて企ててはなりません」。

こうして平和の女神は、戦争をしたがる各国に向かってくり返し訴えるのである――

「イングランド人はフランス人を敵視していますが、その理由はといえば、それはただフランス人であるということのほか何もないのです。イングランド人はスコットランド人に対し、ただスコットランド人であるというだけのことで敵意をいだいているのです。同じように、ドイツ人はフランス人と反《そり》が合わず、スペイン人はこれまたドイツ人ともフランス人とも意見が合いません。ほんとにまあ、なんというひねくれ根性！……なぜ人間が人間に対して好意を持てないのでしょうか。なぜキリスト教徒がキリスト教徒に対して好意が持てないのでしょうか」。

「もし祖国という呼び名が和解を生み出すというのでしたら、この世界はすべての人間に共通の祖国ではありませんか。もし血のつながりが友好関係をつくるというのならば、われわれは皆同じ祖先から派生したものではありませんか。また、もし同じ一軒の家というものがそこに住む人びとの緊密な関係の絆《きずな》となるというのでしたら、教会だってすべての者に共通で、われわれを一つの

フランソワ一世
（ジャン＝クルエ画）

家族とするものではありませんか。このような事実にはっきりと目を開くことこそ、われわれにとってふさわしいことなのです」。

そして最後に、「平和を愛する心やさしいレオ教皇」「並みいる君主の中でもひときわキリスト教的なフランス王フランソワ一世」「また令名高いスペイン王カルロス一世」、いずれも平和を求めており、またドイツのマクシミリアン皇帝、イングランドのヘンリー王も平和を拒《こば》んではいないと賞めあげることによって、エラスムスはヨーロッパの平安を祈念するのである。

八、ヨーロッパ―キリスト教国の大学者

修道院との絶縁

一五一四年七月、エラスムスは在英中に書きためたいろいろの原稿と、新約聖書と聖ヒエロニムスの研究資料とをたずさえてイギリスをあとにした。当面の行先はバール（今のスイスのバーゼル）で、そこで原稿を活字にするつもりであった。カレー近くのマウントジョイ男爵の居城で、彼は例の所属修道院の院長からの気付便を受け取った。それは第五章に述べたのと同じような、エラスムスの帰国を促す手紙であった。それに対して彼は七月八日付でことわり状を書いた。

それは比較的長いものである。まずエラスムスにとって修道院生活はもともと少年時代に強制されたものであり、身心いずれの面においても彼には不適であることを強調する。次いで彼が現在送っている文筆生活が彼にはもっとも適したものであり、キリスト者の目からみてもけっして非難されるべきものではないことを述べ、むしろ故郷の修道院社会の方が彼の目からみると望ましくない点が多いという。院長はエラスムスが老後にそなえて永住の地を求めるべきだというが、パウロを始めとする使徒たちや聖ヒエロニムスのような教父も、たえず居を移しながら伝道や研究に従った

ではないか。それに「ちょっと自慢めくが、ほんとうのところ」エラスムスはどこへ行っても、教皇や国王を始め一流の人士から心からの歓待を受け、金品も頂戴していると述べて、具体的に金額もあげる。それから一転して、こんどは目下彼が計画している文筆仕事に言及する——

「ここ二年間、ほかの仕事はさておき、聖ヒエロニムスの書簡を校訂し、あやしい所には印をつけたり、あいまいな所には注をつけたりしています。また新約聖書全巻をギリシアその他の古写本と校合《きょうごう》して、すでに一千句以上にわたって注記を施しました。これは神学者のためにいささか貢献するところとなりましょう。……私は聖書の研究に一生をかける決心をしております。この方面で余人のできぬ事を私はなし遂げることであろうというのが大方の評判であります」。

エラスムス自身この手紙の中でも言っているように、当時の手紙は途中で開封されて読まれることがしばしばあった。またエラスムスのような人士たちのラテン語の手紙は、当事者以外の人にも読ませたりすることがしばしばあった。すでに述べたとおり、ラテン語の『手紙文教本』という著作もあるエラスムスは、自分の書いた手紙や、トマス＝モアとの間に交わされた手紙などをまとめて出版することもあった。そういう当時の事情を考えると、修道院長宛の手紙におけるややハッタリめいた自己宣伝や自己主張は、ある程度理解できるのである。いわばエラスムスは修道院長にあてて公開状を書いたようなものである。

しかしこの文章の中で、二つの事実がわかる。一つはエラスムスが決定的に修道院帰属を拒否したこと。彼は今までもいくつかの点で修道院規律からの特免を教皇から与えられていたが、やがて一五一七年一月にはそれからの全面的免除を教皇レオ一〇世から許されて、修道士の身分から解放されるのである。彼の手紙はそういう予想と希望のもとに書かれたものであった。

もう一つは、彼が若いときから志していた聖ヒエロニムスの原典研究と新約聖書のそれが彼のライフ－ワークとして実るときが近いということ。これらの研究成果はまもなく公刊されるのである。

ライフ－ワークの公刊

さてエラスムスはライン川をのぼって八月の後半にバーゼルに到着した。ここで彼はドイツの多くの同学の士から熱烈な歓迎を宴会や手紙の形で受けた。そしてヴェニスのアルドス－マヌティウス印刷所以来六年ぶりで、彼は多くの同学の協力者に囲まれながら、こんどはフローベン書店の印刷所詰めを始めたのである。

まずプルタルコスの小品のラテン語訳、『古典名句集』の増補版、セネカの作品などを次々に上《じょう》梓《し》した後、エラスムスは『ギリシア語新約聖書』の上梓にとりかかった。彼が新約聖書の原典研究をしようと決意したのは、すでに第五章で述べたとおり、ヴァラの「注解」写本に出会ったときからであったが、その後イギリスのコレットの慫慂《しょうよう》によって彼自身のラテン語訳を試みていた。こんどフローベン書店との出版契約が成立したとき、エラスムスはイギリスに残してきた彼のラテン

NOVVM TESTA-
MENTVM OMNE, MVLTO QVÀM ANTEHAC DI
ligentius ab ERASMO ROTERODAMO recognitũ, emẽ
datum ac translatum, nõ solum ad Græcam ueritatẽ, uerum
etiam ad multorũ utriusq; linguæ codicum, eorũq; ueterũ
simul & emẽdatorum fidem, postremo ad probatissimorũ
autorum citationem, emẽdationem & interpretationẽ, præ
cipue Origenis, Athanasii, Nazanzeni, Chrysostomi, Cy-
rilli, Theophylacti, Hieronymi, Cypriani, Ambrosij, Hila-
rij, Augustini, unà cũ Annotationibus recognitis, ac magna
accessione locupletatis, quæ lectorem doceant, quid quã ra
tione mutatũ sit. Quisquis igitur amas uerã Theologiam, le
ge, cognosce, ac deinde iudica. Neq; statim offendere, si quid
mutatum offenderis, sed expende, num in melius mutatum
sit. Nam morbus est non iudicium, damnare quod non in-
spexeris.

SALVO VBIQVE ET ILLABEFACTO
ECCLESIAE IVDICIO.

Addita sunt in singulas Apostolorum epistolas
Argumenta per ERASMVM ROT.

『新約聖書』の扉（フローベン書店発行）

フローベン書店の紋章

語訳原稿をとり戻しに行き、新訂ギリシア語聖書と併せてそのラテン語版も出版することにした（一五一六年二月）。後者は公定のラテン語聖書とかなり違う所があったので、彼の訳注『ギリシア語新約聖書』は多くの学者たちの注目する業績となったわけである。原典研究の進歩したこんにちの目から見るならば、「それは学童の作と嘲《あざ》けられるほど粗雑である」（前田護郎『新約聖書概説』）かもしれないが、マルティン＝ルター（一四八三〜一五四六年）のドイツ語訳聖書も、このエラスムス版の第二版に拠ったのである。

次に『ヒエロニムス著作集』の方である。エラスムスの研究歴ではこの方の仕事が聖書のそれよりも古くて、これもすでに第四章で述べたとおり、彼が第一回のイギリス訪問を終えたときからの計画であった。彼は一五一三年にイギリスの一友人にあてて、「私はすでに多くの古写本を校合してヒエロニムスをほぼ完全に校訂しました」と書き送っている。ドイツの高名な古典学者ロイヒリンを始め数名の学者の協力を得て、一五一六年四月から八月にかけて彼は全九巻を出版したが、最初の四巻は彼ひとりの手に成るヒエロニムスの書簡集であった。

こうしてエラスムスは、長い間苦労してきた神学上の仕事を完成した。それは彼がようやくその名に値する新しいタイプの神学者になったことを意味する。今まで『痴愚神礼賛』などで旧来のスコラ神学者を批判し、からかってきた彼の評論家的な姿勢に、強力な裏打ちができたわけである。すでに述べたとおり（第五章）、神学者としてのエラスムスの新しさは、聖書と古代教父たちの著書を正しいテクストで正しく読むことによって、硬直した神学の再生を計るところにあった。なるほどそれは旧来のスコラ神学者の手がけるところではなかった。それならエラスムスの彼らに対する批判、からかいがスコラ神学者のすべてであったかといえば、それは必ずしもそうではなかった。エラスムスの批判を論駁《ろんばく》したルヴァン大学のある神学教授と、エラスムスならびにモアとの間に交わされた論戦は、互いに相手の誇りとするところをついたものであって、「語学者が経典を語義的に全部理解したからといって、それで一人前の神学者だと思いこむのは僭越《せんえつ》も甚しい」と言うのに対して、「神学者が教会の雑多な問題を解決したからといって、そもそも原典の理解という基礎がいいかげんならナンセンスもいいところだ」というわけである。

スコラ学の分解

しかしこんにちの目からみるならば、同時代の目につく動きに眩惑《げんわく》されて、エラスムス側は、そしておそらく相手側も、スコラ学の静かな中軸の動きを見失ったというべきであろう。それは歴史的なもので、一三世紀にアリストテレス哲学を受けいれて、いちおう完成したかにみえるスコラ学は、一四世紀になってイギリス生まれのウィリアム＝オッカムがアリストテレスの自然哲学を批判した頃から分解を始めていたのである。

オッカムの批判でもっとも注目すべきものは、物体の運動に関するアリストテレス説の批判であった。アリストテレスによれば、物体はその物に固有の位置を持ち、自然運動はその位置との関連において生ずるという。たとえば、火はその固有の位置が宇宙の中心（地球の中心）より上へ向かって離れる方向にある。したがってそれがさえぎられて静止している位置から解放されれば、自己の位置へ向かおうとする本性が顕在化して運動が生ずる。そしてその本性が実現し終わったところで火は静止し、本性は再び潜在化する。地上の人間からみれば、上へ向かおうとする火の本性は「軽さ」であり、下へ向かおうとする土の本性は「重さ」であるという。

これに対してオッカムは、「物体の固有の位置」というものは、何らの客観的実在性も持たないという。物体の運動はすべて同一物の幾何学的空間における相対的な現象で、質的な相異は何もない。運動とは同一物体が異なる位置において連続的に存在するということであって、それは物体を離れては何らの実在性もない一つの概念にすぎない。したがって、運動をひきおこす内在的な本性にかかわる原因などを想定することは無用である。たとえばある物体が何かに押されて動きだしたとすれば、その何か（原因）から離れて後は、その物体に本来内在する力とか、関連する力とかによって動いているのではなくて、いわば「ただ動いている」のである。なぜなら、同一物が動かすものであるとともに動かされるものであると認めることは不可能だから、それはただ動いているとしか言えない。

このようなオッカムの説において、われわれは一つの注目すべき歴史的事実をみる。それは、動かすものが何も存在しないのに動いているというような物体運動の理論上の可能性をオッカムが示したことである。これはアリストテレスの運動に関する根本原則を否定した意義を持つ。運動に関するアリストテレスの哲学的論考がスコラ学者の間に論議を呼びながら、やがて一七世紀に至って新しい科学的考察と交替する過程は、オッカムが示唆《しさ》したような物体運動の可能性から「慣性」という新しい概念が生まれる過程であったということができる。もとよりオッカム自身の方法は、すでに暗示したように、多分にアリストテレス流の形式論理学の方法によったものであり、彼の運動に関する新しい概念からは、慣性原理が持つところの等速度や方向の条件は、理論的にも歴史的にも生まれてこない。それはパリ大学のあるスコラ学者の反対に遭《あ》って、さらに新しい概念を生み、それがまた別の反対に遭うという発展をたどりながら、やがて実験的事実による新しい概念と対立して発展するという過程をとったのである。

信仰と理性

オッカムにあっては、確実な知識とは、感覚（知覚）を通して得られる「直覚的知識」のほかにはなかった。そしてこの知識のみがいわゆる「確実な学問」を構成する。彼が、原因と称せられるもののうちで知りうるのは直接因あるいは直接因の連続体だけで、アリストテレス流の「形相因」とか「究局因（目的因）」とかいうものは知りようもないものとしてしりぞけたことは、すでに述べた運動に関する目的論的説明を否定したことによっても、うかがわれる。言いかえれば、オッカムは因果関係を直接因の連続体という形だけでとらえたのである。つまり Why を問わずに How だけを問うたのである。

オッカムによれば、事物を離れて知覚は働かない。事物なくしてわれわれに知覚を働かしうるのは神だけであるという。だから神に関する知識は全く超経験的なものになる。それは経験→理性→知識となる確実性とは無縁の「知識」である。この「知識」は人間理性ではとらえようもないもので、まさしくそれは「信仰が信仰を理解しようとする試み」の持つ別種の方法がとられなくてはならない。

オッカムと、オッカムの考え方を受けついだパリ大学のスコラ学者たちは、アリストテレス説の批判、修正の行きつくところが神学の孤立化にあることに気づいて、あえてそれを別格化することによって、信仰を守ろうとした。言いかえれば、信仰と理性の分離を計ることであった。こうして一三世紀には信仰と理性の調和を計ることに成功したスコラ学は、分離することによってスコラ学自体の分解が始まったのである。それは学問上の発展の必然的結果であったが、オッカムの学説は一三二六年に異端の宣告を受けて弾圧を受けるに至った。このような異端即弾圧という学問外の権力関係に巻きこまれることによって、スコラ学は二重の分解作用をおこした。一つは学問自体の必然的発展によるものだが、他は全く権力関係による御用学問への堕落であった。前者は近代の科学、哲学、あるいは信仰上の神秘主義、懐疑主義などへと発展するが、後者は煩瑣《はんさ》な理屈をこねる不毛の神学へと移行する。そしてエラスムスたちが批判、攻撃したのは、まさにこの煩瑣神学だったのである。エラスムスの唱道した新しい神学とは、文献学的神学とも称すべきもので、それは確かに旧来の神学の中では軽んじられてきたものだが、しかしそれだけが旧来のスコラ学の全体にとってかわるものではなかった。むしろそれは、分解するスコラ学が枝分かれしていく過程で、一つの分枝として生長し始めた学問というべきであろう。

　旧来のスコラ学とエラスムスたちの「新学問」との関係をこのようにみてくると、前者の中にも学問の発展に寄与したところの偉《すぐ》れた学者たち（たとえば一五世紀のニコラウス＝クザーヌスのような学者）のいたことがわかってくるであろう。スコラ学者はエラスムスにからかわれたような痴愚者ばかりではなかったのである。

ヒューマニスト

　しかしながらエラスムスの名声は、新しい神学者としての名声だけではなかった。すでに彼は『古典名句集』や『痴愚神礼賛』のような、ヨーロッパ中で読まれている作品や、数多くの古典の翻訳や校訂版を公刊した著述家として有名であった。それは神学者の名声と古典学者の名声とを併せたものであると言ってしまえばそれまでのことだが、いま歴史の用語を借りて言うならば、それはルネサンス＝ヒューマニストの名声であったと言うことができる。

「ヒューマニスト」(humanist) というのは英語だが (仏語では「ユマニスト」humaniste, 独語では「フマニスト」humanist, 伊語では「ウマニスタ」umanista)、それは一六世紀にできた語であり、当時の意味は「神学」(divinity) に対する「人文学」(humanityこの英語ができたのは一五世紀) に従う人、日本流に言えば「坊主ならぬ俗人の学問、神仏に関する学問でなく、人間に関する学問に従う人」ということになろう。そして具体的には「古代ギリシア＝ローマの (広い意味の) 文学を研究する人」をさしたのである。古代ギリシア＝ローマの世界が、宗教的には多神教で、神々も人間臭く、全体が人間中心の考え方、感じ方に支配されていた世界であり、いわばこの世本位の世界であったことは周知のとおりである。それが東方ヘブライから西へ発展してきたきびしい一神教の考え方、感じ方と合体した頃に、中世のヨーロッパ世界が生まれた。この世界の文化は、基本的には修道院文化ともいうべき文化であった。それが硬直しかかると、つねに古代ギリシア＝ローマ (とくに後者) の文化から刺戟を受けて更生するという歴史をくり返してきた。それがいわゆる「ルネサンス」であった。このようなルネサンスは九世紀にあり、一二世紀にもあった。しかし一五世紀から一六世紀にかけてヨーロッパ全体にひろがったルネサンスは、もっとも目ざましいものであった。一つにはイタリアを始めとして各国の諸都市が経済的繁栄をみたこと、二つには一五世紀の半ばに東ローマ帝国がトルコによって滅ぼされ、同国のギリシア学者がプラトンの未見の原典を始めとして多くのギリシア文献を持ってイタリアへ逃れてきたこと、三つには史上初めてのマス－メディアたる印刷術が普及したことなどがその主要原因であった。

いつのルネサンスの場合にも異教の古典から学びとる者はいたのであるが、彼らが今さらのように「ヒューマニスト」と特称された新しさは、その活動がかつてないほどに目ざましかったからであろう。風潮としては、人文学《ヒューマニティ》はまずイタリアに流行した。次いでアルプスをこえてフランス、ドイツ、ネーデルランド、イギリス、そしておくれてスペインにひろまった。そしてアルプス以北のヒューマニストは、後世しばしば「クリスチャン－ヒューマニスト」と呼ばれる事実からも察せられるように、イタリアのヒューマニストと多少ニュアンスの異なるものに成長していった。その違いを今ヒュー＝ウォットの分類（Hugh Watt, 'Humanists' in the *Encyclopaedia of Religion and Ethics*, vol. 6.）に従って考察すると、ヒューマニストとは第一に、異教精神(paganism)を善《よ》きにつけ悪《あ》しきにつけ身につけようと心がける者。第二に、中世後期のいいかげんなアリストテレス主義をすてて、プラトン主義を志す者、ならびにネオ－プラトニスツと呼ばれる学派の者。第三には、初期の教父ならびに新約聖書に戻ることによって宗教復興を計ろうとする者。以上三つのグループに分けられ、大体においてイタリアのヒューマニストたちは第一と第二のグループに近いということができるのに対して、北方ヒューマニストたちは第二、第三に近いということができる。そして、今や後者の代表的存在にエラスムスがなったというわけである。

若き日のカール
（ファン＝オルレイ画）

大学者の帝王学

ヨーロッパ有数の大学者となったエラスムスが、神聖ローマ皇帝の皇孫カールの特別顧問官に推挙され、そのカールのために『キリスト教君主教育論』の執筆を依頼されたことは、すでに述べた（第七章後段）。カールはまもなくスペイン王カルロス一世、次いで神聖ローマ皇帝になった君主であるから、このエラスムスの著作は、言うなればヨーロッパの大学者がものしたヨーロッパの帝王学であった。

当時一六歳の皇孫カールに献ぜられた『キリスト教君主教育論』は一一章から成るが、最初の章が長くて残りの一〇章と全体を半分ずつ分け合っている。前者はキリスト教君主教育の総論ともいうべきもので、後者は「追従《ついしょう》者を避けること」「平和維持法」「納貢、納税」「恩恵授与」「諸法の施行、改正」「行政官とその職能」「諸条約」「君主の結婚政策」「平和時の君主の仕事」「開戦」というような項目について論じられているが、必ずしも前者の総論に対する各論というわけではない。大体は前者で言い尽くされていて、後者の話題にもふれているところが多い。その点では例によって重複、くり返しのある散漫な文章になっている。

全体の基調は次の一節のうちにうかがうことができる——

「慈愛の君主は、学識豊かなるプルタルコスの言うごとく、善にして力強き神の生きうつしである。その善性のゆえに彼は万人を助けんと欲《ほっ》し、その強力のゆえに彼は欲するところをなし得る。これに反して奸君《かんくん》はその国にとっては疫病のごとく、強力と奸佞《かんねい》とをそなえたる悪魔の権化《ごんげ》である。彼はその悪と力の限りを尽くして人間の破滅を計る。……キリスト教神学が神の三大属性となすところは、全智、全能、至高の善である。君主たる者は能《あた》う限りこの三属性をおのれのものとなすべきである」。

同じ一節の文章のうちに古代ギリシアのプルタルコスとキリスト教とが共存するところに、クリスチャン－ヒューマニストたるエラスムスの本領があるわけで、彼の帝王学の拠り所は古代ギリシア－ローマの文献と聖書ならびに古代教父たちの著作である。前者はホメロス、プラトン、クセノフォン、アリストテレス、プルタルコス、ユリウス＝ポルクス、そしてローマ文人としてはキケロ、ウェルギリウス、セネカである。なかでもプラトン、次いでキケロ、セネカ、プルタルコスに拠る所が多い。キリスト教文献は聖書に次いでは聖アウグスティヌスがよく引用されている。

本書は先に引用した一節でもわかるように、これらの拠り所に立った君主のための理想論、道徳

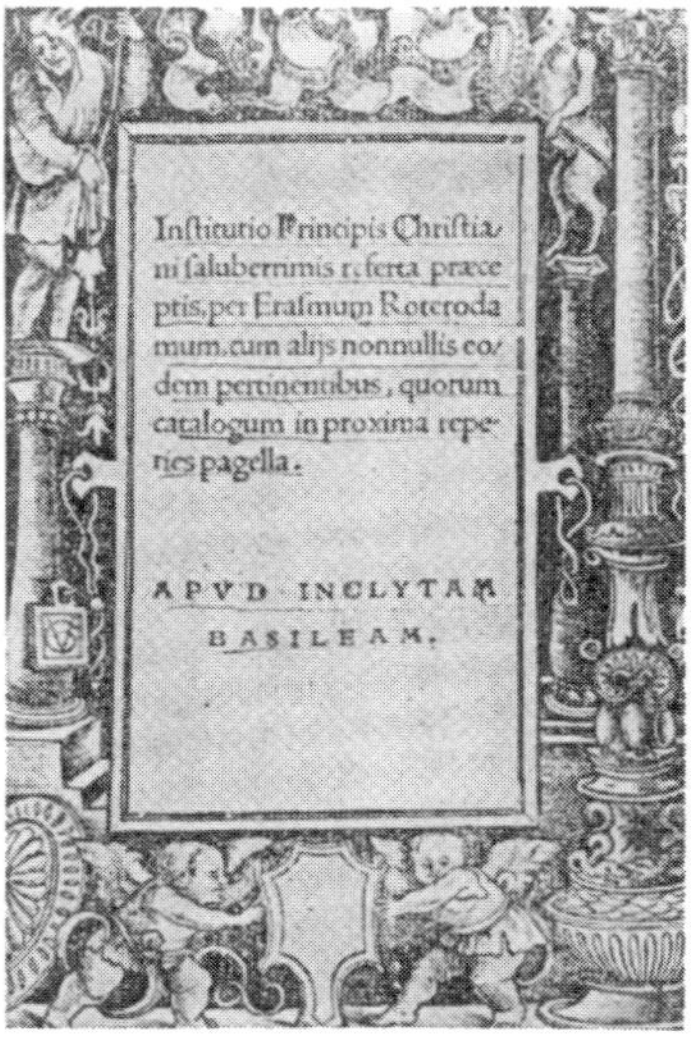

『キリスト教君主教育論』の扉

論であって、言うなればいちいちごもっともな精神訓話なのである——

「人の一生は年齢よりはりっぱに果たされた行為によって計るべきである。命の長さは人の幸不幸とは無関係である。重要なのは人がいかによく生きたかということである。善行はひとえに善行なるがゆえにこれを行うもの。善き君主は人民の福祉をつねに慮《おもんぱか》り、必要とあらば一身をなげうつこともいとわない」。

「黄金、宝石、紫衣をまとい、廷臣にかしずかれ、多くの彫像に顕彰され、不労の所得を享受する者が、それがゆえに万人にまさりながら、真に良き精神ということにかけては、卑賤に生まれた多くの者よりも劣るとは、なんたる笑止よ！」

それならエラスムスは、課税というようなもっとも現実的な君主の施策については、なんと述べているであろうか。

「君主たる者は、できることなら国費の要《い》らぬような政治を行うべきである。君主の地位は金銭ずくのものではなく、良君にあっては臣民の富すなわち君主の富である」。したがって国費はできるだけ節約し、いやしくも課税するならば、富の偏在を防ぐという趣旨から、穀類、衣類、酒類などの生活必需品には課税を軽くし、絹類、香料、宝石などの贅沢品《ぜいたく》には重くするように配慮せよという。

エラスムスは、最良の政体は王政であるというのが、ほとんどすべての賢者の一致した意見であるという。ただその王が凡庸の場合は、貴族政、民主政を加味した制限王政がよいという。エラスムスの政治思想については、その名に値するほどのものは見当たらないが、ただ彼が民主政治を口にするときの民衆、庶民に関する考え方には注意する必要がある。

彼によれば「神は天使と人間には自由意志を与え、彼らを奴隷として支配することのないようになさった」ように、良き君主は強制なき支配を行うものであるという。彼は、君主がおこす戦争についても、それはもっとも多くの犠牲を国民、とりわけ庶民に強いるものであるから、彼らの同意なくしてそれを行うべきではないと言う。一見エラスムスは民衆の基本的人権はこれを認めて重んずるかのようにみえるが、同時にまた彼は多くのヒューマニストの例にもれず、民衆の意向を蔑視することにかけてはきわめて露骨なのである。

「大衆は謬見《びゅうけん》に左右され、空虚なる影を実在の物と見なしたかのプラトンの洞穴人と変わるところがない。されば一般庶民が重大事と考えることは、すべてこれを重んぜぬことが名君の本分である」。

「一般庶民が喜びいつくしむもの、大事にするもの、有用視するものは、すべてその真価によって計るべきである。一方、一般庶民の嫌悪し、軽蔑し、有害視するものは、不徳と結びつかぬかぎり、すべてこれを避くべきではない」。

要するに、りっぱな為政者は万事につけて庶民の意向と反対のことをすればいいということである。この無知蒙昧の徒としての民衆の蔑視、つまり衆愚の観念は、奴隷をかかえた古代ギリシアーローマ社会における知識人の顰《ひそみ》に倣《なら》うもので、すでにふれたとおり、ヒューマニストは手仕事あるいは筋肉労働に従う者を賤民とみていたのである。しかしながらクリスチャンーヒューマニストの尊崇した原始キリスト教のエネルギーは、古代ローマ帝国の下層民から盛りあがったものである。貴族も賤民も神の前では平等であるという宗教的心情は、原始キリスト教においてもっとも潑剌《はつらつ》としていたはずであり、それはまた民主的政治思想の基本理念の一つとなったはずである。クリスチャンーヒューマニスト、エラスムスにおいて、民衆に対する二つの異なる姿勢が一つに統一されぬまま併存したということは、われわれに示唆《しさ》するところが少なくない。

「エラスムス主義者」

一五一六年という年は、二月に訳注『ギリシア語新約聖書』、四月から八月にかけて『ヒエロニムス著作集』、そしてその間の六月には『キリスト教君主教育論』がフローベン書店から相いついで公刊された年であって、おそらくエラスムスは彼の生涯における絶頂期にあったということができよう。彼の生年は早ければ一四六六年、遅ければ六九年という説が行われているから（第二章参照）、それは彼が四七歳から五〇歳にわたる頃であった。

「エラスムス主義者」あるいは「エラスムス派」（Erasmiani）というラテン語が生まれたのもこの頃であった。後年、マルティン＝ルターとはげしく論争することになるヨハン＝エックなどは、「ドイツの学者はみなエラスムス主義者だ」と言う。これに対して当のエラスムスは「こういう党派的名称は私の好むところではない。われわれはみなキリスト主義者であって、キリストの栄光のために力を尽くすのだ」と答えているが、内心得意の思いは想像に難くない。

訳注『ギリシア語新約聖書』の序文や『平和の訴え』にもうかがえるように、この頃のエラスムスは真の学問の復興と共にキリスト教の信仰が栄えることを信ずる一方、フランス王フランソワ一世、スペイン王カルロス一世、イギリス王ヘンリー八世、そして神聖ローマ皇帝マクシミリアン一世の緊密な連携によってヨーロッパの平和が確立していることを寿《ことほ》ぐのである。まさにこの頃は、エラスムスにとってその生涯における最良の時期だったというべきであろう。

九、宗教改革・ルターとエラスムス

ヒューマニストの論争　「エラスムス主義者」とか「エラスムス派」とかいう言葉が暗示するように、当時のヒューマニストたちは旧来のスコラ学者と論争をまじえるばかりでなく、彼ら同士の間でもしばしば論戦を行った。前者の場合は『痴愚神礼賛』にもうかがえるように、敵対する立場に立つ者同士がやり合う批判、反論であるから、およそ見当がつくのだが、後者の場合は同じ立場に立つ者同士の論争である。いったいどんな論戦になるのか、今それを著名な例によって考察してみよう。

それはフランスのヒューマニスト、ルフェーヴル＝デタープルとエラスムスとの間に交わされた論争である。ルフェーヴルはイタリア留学から帰国してからは、パリ大学でアリストテレス哲学を講じながら、しだいに聖書研究に傾倒するようになった。エラスムスが古典学の教養を生かしながら俗世間に向かって啓蒙活動を行ったのに対して、ルフェーヴルはもっぱら学者に向かってアカデミックな仕事を行った。しかし古典語の勉強から出発して古代教父の研究に進んだ点では、両者は互いに敬意を払い合う同学の士であった。

論争のきっかけは、訳注『ギリシア語新約聖書』の中でエラスムスがルフェーヴルの解釈を引用しながら、意見の異なる点を注記したことにあった。それは「ヘブライ人への手紙」第二章第七節の文句で、いまカトリック、プロテスタント両派の協力による最新の「共同訳」によれば次のとおりである。

「あなた（神―筆者注）は彼（イエス）を天使たちよりも、わずかの間、低い者とされたが……」。

ルフェーヴルは右の文句の中で、第一に「天使たちよりも」という所を、推定されるヘブライの原典ならびに聖ヒエロニムスの所説に拠って、「神よりも」と校訂し、第二に「わずかの間」を「わずかに」としていたのである。それをエラスムスは、「天使たち」でも「神」でも、要するに「イエスはそのいずれよりも低い人間として生まれた」ということを意味するのであるから、たいした違いはないと言い、また「わずかに」よりは「わずかの間」の方がよいと主張したのである。

このエラスムスの注記がルフェーヴルの癇《かん》にさわったらしい。彼はエラスムスが「神」でも「天使」でもどちらでもいいように言い、さらに神はイエスを「人間の中でももっとも卑しい人間よりもさらに低い者」とされたのではなかろうかと述べているのを、まことにいいかげんで神を汚す言い草であると憤慨する。次に、エラスムスが「わずかに」を「わずかの間」と改変しているのは誤りで、原文の語句には時間的観念は含まれていない、聖トマスを始め先人たちが時間的観念もあり得るとしたのは、学問がまだ進歩していなかったためだと主張する。最後に、エラスムスは「ヘブライ人への手紙」の作者は果たしてパウロかどうか疑わしいし、この一篇が聖書に編入されたのは教父たちの誤りであろうとしているが、このような言説も甚だ瀆神的であるときめつけたのである。

以上のような反論に対して、エラスムスはおよそ次のように答えている。

キリストが最低の人間であるとされた場合の意味は、多くの人びとを神の栄光に導くために、彼らの救いの創始者たるキリストをしていろいろの苦難をなめさせようとなさった神意にほかならない。それが不敬呼ばわりされるとは心外である。また、「わずかの間」と訳される原語句には、まちがいなく時間的意味がある。最後に、教父たちの権威にさからって「ヘブライ人への手紙」の作者を不明とするのが瀆神的であると言うなら、「わずかの間」という訳し方もよしとした聖トマスの権威を認めないルフェーヴルもまた瀆神的ではないのかと、エラスムスは例の調子で皮肉っている。

ルフェーヴルの言い草ではないが、聖書学が格段に進歩したこんにちの「共同訳」にもうかがえるとおり、この論争はどうやらエラスムスの勝ちになるのだが、静かで理知的なエラスムスと、長年のアリストテレス勉強にもかかわらず激し易く神秘主義に傾くルフェーヴルとの対照が、印象に残るような論戦であった。この性格的相異は、マルティン＝ルターが、一躍有名になる半年前に、友人にあてた手紙（一五一七年三月一日付）の中で、「神事よりも人事にかかずらうエラスムス、私はこの男がだんだん好きで……恩寵の秘義についてはルフェーヴルより無知であるエラスムス、なくなる」と述べた事実にもうかがえるのである。ルターはルフェーヴル以上に神秘家であったが、同時にまた鋭い現実家でもあった。エラスムスはそのどちらでもなかった。きたるべきルター対エラスムスの論戦は、ルフェーヴル対エラスムスのそれよりも、はるかに鮮烈なものになるはずである。それは一方がヒューマニストの埒《らち》をはるかに越えた存在だったからである。

『九五ヵ条の論題』

一五一七年一一月一日のことであった。ドイツのウィッテンベルクの教会の戸に、『九五ヵ条の論題——悔悛《かいしゅん》と贖宥《しょくゆう》に関するマルティン＝ルターの論議』という文書が掲示された。これは、ウィッテンベルク大学の神学教授マルティン＝ルター神父が、「次の九五ヵ条の論題のもとに討論会をひらくから、出席できぬ人びとは手紙によって参加してもらいたい」という主旨のものであった。ルターは地元のブランデンブルク領主兼大司教アルブレヒトにあてた献辞の中で、とるにたらぬ一神父がこのような僭越至極な挙に出ることは、ひとえに法界を思う忠誠心から出たことで、真意は現下の免罪符販売に由来する憂うべき人心の錯誤を正すにあることを、丁重な調子で述べている。

マルティン＝ルター

しかし人は一読して、この文章に容易ならぬものを感じとったことであろう。憂うべき人心の錯誤とは、免罪符の万能ぶりに関する人びとの誤解、妄信《もうしん》のことで、たとえば「第七五条、教皇赦免の力は、たとえ人が聖母をおかすという言語《ごんご》道断なことをしでかしたとしても、なおこれを許すことができるとは、驚きいった狂気の沙汰である」という。これは危険な言動であった。

「このルターの言動は」と、チェインバーズは彼の『トマス＝モア伝』の中で言う、「こぶし大の一片の雲にすぎなかった。あらしはまだであった」。しかしこれが宗教界に種々の論争を生みながらついに一五二一年一月三日、ルターが教皇から破門されるに至って、宗教改革のあらしが始まったのである。

『95ヵ条の論題』を掲示するルター

「免罪符」というのは「贖宥《しょくゆう》符」と言ってもいいもので、つまりお札《ふだ》を買って罪を免じてもらう、そのお札のことである。これは「贖宥」または「免償」といわれるカトリック教会の行う罪罰免除の一形式であって、教会はキリストの十字架における贖罪と諸聖人の善業の功徳のおかげで、信徒の罪の償《つぐな》いを免除する権能が与えられているという。信徒がこの免償にあずかるためには何かの善業を積むことが必要で、たとえば教会の儀式にまじめに出席するとか、巡礼や献金を行うとかである。この最後の献金行為に関連して、教会が十字軍をおこすとか大聖堂を建てるとかいうことで多額の費用を必要とする場合、しばしば金銭と免償とが癒着したものである。教皇ユリウス二世がローマの大聖堂の新築を企てたときから始まった癒着は、そのもっとも著しい例の一つであった。

ルターが献辞を奉呈したブランデンブルク侯兼大司教アルブレヒトは、大司教職をいくつも兼任したが、それには教皇の特許が必要であった。教皇レオ一〇世は特許を与えるかわりに多額の寄付を要求したが、その支払いの便法として大司教管区内の免罪符発行権を全面的に譲渡し、その収入を大司教側と折半することにした。そこで大司教の方は、それを見返りにして豪商のフッガー商会から融資を受けて教皇に支払う。そしてフッガー商会が免罪符取扱い業務を引き受けることになったのである。

ルターが黙視しえなかったのは、まさにそういう事態なのであった。そして、エラスムスが『痴愚神礼賛』の中でからかったのも、似たような事態であったことは、すでに引用したとおりである（第六章参照）。ただ、エラスムスの方が軽妙な風刺をもってするのに対して、ルターの方は真正面から問題提起を行っている。この違いが、宗教改革に対する両者の姿勢の違いを暗示するのである。

ルターとエラスムスのふれ合い　『九五ヵ条の論題』がドイツじゅうに流布して、ルターの希望どおり多くの論議を誘発していったとき、彼はやがてそれが一連の歴史的大事件に発展するとは思わなかったようである。言いかえれば、論議はやがて望ましい方向に事態を落着させるであろうと期待したようである。そのためにも同志を知名人のうちに求めたかったのであろう、彼は初めてエラスムスに手紙（一五一九年三月二八日付）を送った。彼は多くの悪徳に筆誅《ひっちゅう》を加えるエラスムスを祝福し、それにあやかるルターの名も多少知られるようになったこんにち、両者の間が音信不通であるということは誤解を招きかねない――「よってわが敬愛するエラスムス殿、お差支《さしつか》えなくば、キリストにおけるこの幼き弟にも御高配をたまわらんことをお願い申し上げます」というのである。

これに対してエラスムスは同年五月三〇日付で返事を書いている。ちなみに発信地はネーデルランドのルヴァンになっているが、彼は一五一七年の夏からおよそ四年間この地に定住していた。ルヴァン大学神学部の一員となって、かつての論敵マルティン＝ドルプのようなスコラ学者とも比較的仲良くつき合っていた。

エラスムスはまずルターに対して、「あなたの著作が当地でひきおこしている騒ぎは、ちょっと言いようもないものであります」と述べる。それというのも、ルヴァンの神学者たちは「エラスムスが手を貸しているのではないか、この私がルター一派の旗持ちではないのか」と疑い、だからヒユーマニストの学問は神学の敵なのだと、いきまく始末――「私はあなたのことは全く知らないし、あなたの著作もまだ読んでおりませんから、いいもわるいも評価のしようがないと言ってやりました」。読みもせずに衆人の前で騒ぎたてるのは慎むべきこと。本来ならこの種のことは教育ある人士の間で静かに論議すべきで、まして問題の人物がその生活態度において万人の賞揚するところであれば、なおさらのことである。総じて暴言怒号の類は柔和謙譲に比べて得るところが少ないことは、イエスやパウロの範例にみるとおりである。また「論難をするならば、教皇その人に立ち向かうよりは、教皇の権威を笠に着る者に向かうのがよろしい。この事は国王についても然りであります。……われわれはけっして傲慢不遜に語ったり党派心から振舞ったりしてはいけません。これはキリストの精神にもとることであります。……どうぞいっそうご活動のほどをお願い申します。あなたの『詩篇』釈義を拝見しましたが、感服いたしました」。

　ざっとこういう調子である。子細《しさい》に読むと風刺、暗示、示唆《しさ》、韜晦《とうかい》と、まことに含みの多い文章で、おまけにルターの著作は「まだ読んでいない」と初めに書いていながら、終わりの方で「拝見しました」と言うあたり、例によって筆の走りが速すぎて顧みる暇もないといったところである。

　ルターに手紙を書いた同じ日に、エラスムスはルターの追随者のひとりにこう書き送っている――「あなた方一同の努力が実ることを祈ります。当地の教皇派はたいへんな見幕でわめいていますが、心ある人びとはみなルターの勇気に喝采《かっさい》しております。彼はきっとただの派閥争いに終わらぬよう心がけていることでしょう。……とにかく教皇庁とその取り巻きの横暴を打破しないことには、偽《にせ》クリスチャンに対する勝ち目はありません」。

ルターあての手紙と比べてこの方はたいへん明快である。これら二つの手紙を通じてわかることは、エラスムスはルターの反免罪符運動には内心賛成なのであるが、集団的行動に巻きこまれること、また、体制側に正面切って反抗することへの警戒心が働いていることである。つまり精神的には支持するが現実的には中立を保っていたいということである。このエラスムスの姿勢は、ルターの反免罪符運動が次第にエスカレートするのに比例して、いっそうその中立的消極性をあらわにしていくのである。

宗教改革の政治性

エラスムスがルターに手紙を書き送ってから約一ヵ月後の一五一九年七月上旬に、後世「ライプチヒ論争」と呼ばれる公開討論が行われた。これはザクセン侯の世話でルターがライプチヒにおいて、インゴルシュタット大学教授ヨハン＝エックと交わした論争であった。この席上で彼は能弁な相手の反論に立ち向かう騎虎《きこ》の勢いから、聖書至上主義をふりかざして教皇の権威を否定し、公会議の決議にも誤りありと主張するに至った。これは、いわば革命的異端宣言であった。事実また教皇庁はこれによってルターの破門を検討し始めたのである。

もうあとへは退《ひ》けぬ立場に立ったルターは、次々と著述を公刊して教会革命の運動に乗り出した。教皇はルターに対して著書の焼却と自説の撤回を命ずる勅書を発布したが、彼の著書がいよいよ焼かれると、彼もまた勅書を焼きすてるというデモンストレーションを行った。そして前述のとおり一五二一年一月三日、ついに彼を教会から追放する破門状が発布されたのである。

彼が公刊した著述の中に『ドイツ国のキリスト者貴族に向かってキリスト者体制の改革を論ずる書』（一五二〇年八月）というのがある。この書における第一の強調点は、折からの反教権風潮に乗る俗権を激励して、ドイツ国家主義の感情に訴えることであった。すでに第一章で述べたとおり、ヨーロッパ封建諸国家内の教会は地元の利害と結びついて、ローマ本山の支配から自立しようとする傾向がつねにあった。各教会の人事がローマの認証を受けたり、その収入の一部がローマへ吸い上げられたりする制度に対する地元の不満は、中世末期に台頭したナショナリズムと結びついて各国に反教権風潮を生み出していた。ルターは霊的身分としての「教皇、司教、司祭、修道士」と、俗的身分としての「君主、貴族、職人、百姓」とを区別することが、そもそも「欺瞞《ぎまん》、偽善であって……キリスト者はすべて霊的身分を有し」、いわば「一人一人が司祭なのだ」という。だから俗権は教権に対して遠慮は無用だと激励するのである（彼は教皇を「ぬすと」「おおかみ」「地獄の悪魔」と呼んでいる）。要するに彼はこの書において、ドイツにおける反教権風潮を正当化し、ドイツ語による聖書との親炙《しんしゃ》を奨励し、中世教会体制史を新しいドイツ国史観をもって解釈しなおしているのである。

この書は、当時のドイツにおける政治状勢を実によく反映していた。ドイツの諸侯や都市の多くは、スペイン王でもありイタリアにも領土的野心のある神聖ローマ皇帝カール五世と、もっぱら所領の保全拡大を願ってカールと和合離反をくり返す教皇と、そのいずれにも反撥する立場にあった。彼らは何かにつけて両者から自立することを求めていたので、教会改革運動は彼らのためには利用すべき好機の一つとなった。前述のように強烈な神秘家であるとともに鋭敏な現実家であったルターがこの事に盲目であるはずはなかった。ウィッテンベルク大学の創設者ザクセン侯フリードリヒが、ルターの擁護者であったことはよく知られた事実だが、それは必ずしも深い信仰心によることばかりではなかった。

前にあげた『ドイツ国のキリスト者貴族に向かってキリスト者体制の改革を論ずる書』の中で、著者は各種の修道院、僧院に対する資産の寄進はすべてこれを廃止すべきことを提唱するが、貴族の子弟子女が養われている施設についてはこれを例外としている。これは「ドイツ国の慣行に従って、貴族の子弟はすべてが領主とはなれないのであるから、彼らを養う所が無くてはならず、また彼らはそういう所でよく神に仕え、学を積んで、他人を教え導く」ことができるからであるという。はしなくも現実家ルターの政治的妥協がうかがえる一節である。

皇帝カール五世はフランスを排してイタリアに領土を確保しようとする野心から教皇と仲良くす

る必要があり、このためにルターの教会改革運動には強圧的であった。一五二一年四月、ルターはヴォルムス帝国議会に召喚され、その皇帝の前で自己の所信を述べてひるむところがなかった。その結果、ルターの身柄は検束、著書は焼却、追随者は家財没収という勅令が下った。身の危険が迫ったルターはザクセン侯の好意によりヴァルトブルク城内にかくまわれ、そこで聖書のドイツ語訳にとりかかった。テクストはエラスムスの訳注『ギリシア語新約聖書』（第二版）であった。

優柔不断のエラスムス

ルターが帝国議会席上で、教皇のみならず皇帝の権威をも無視したことについて、後年エラスムスは次のように述べている——「もしも私がその場に居《い》合わせていたならば、私は当事者たちがもっとおだやかに論議を進めて、かかる悲劇が二度とくり返されぬように努力したことでしょう」。

大司教アルブレヒト

確かにエラスムスは心にもない事を言ったわけではない。彼はザクセン侯にも大司教アルブレヒトにも同じ趣旨の手紙を書き送って、ルターを一概に非難すべきでないことを弁じているし、またルターが提起した神学上の争論は単なる党派的な争いに終わらせてはならぬことを諸方面に訴えている。だが彼のいう「悲劇」とか「神学上の論争」とかの意義については、いったい彼はどんな風に考えていたのであろうか。例の「ライプチヒ論争」の後、ルターが教皇から公式に破門宣告を受ける寸前の一五二〇年一二月という時点で、エラスムスはライプチヒ大学のある教授にあてて手紙を書いているが、それが彼のこの問題に関する考え方を例示している。

エラスムスによれば「この悲劇の根源、温床は、訓詁《くんこ》の学問、人文学に対する抜き難い憎悪にある」というのである。「ルターはこういう人文学の敵を挑発したのであって」、彼らの狙《ねら》いはルターよりはむしろ「詩神《ムーサイ》の軍団」にあるという。エラスムスの目には、ルターと激突したヨハン＝エックを先頭とするスコラ神学者の群が大きく写るのである。エラスムスをとりまくルヴァン大学の教師たちは、ケルン大学に次いですでにルター弾劾《だんがい》を表明していた。エラスムスにとってスコラ神学者たちは、ルターの敵になるよりはるか前から因縁浅からぬ敵であった。彼の恐れたのは、ルターの方向を見定めぬ過激な言動が、彼らを刺戟して人文学への一大殲滅《せんめつ》戦に駆り立てることであった。ことによると同時代人のエラスムスはルターよりも先を見とおしていると思っていたのかもしれない。しかしこんにちから見ると「悲劇」の歴史的意義は、果たして彼が言うようなものであったろうか。

すでに述べたように、彼はよく知人に向けて「ヨーロッパに黄金時代きたる」というような楽観論を書き送ったかと思うと、悲観論もまた愚痴といっしょによく書いているのである。つまり彼には、歴史的状勢については気楽に見当違いをおかすというところがあった。

ルヴァン大学にエドワード＝リーという若いイギリスのギリシア語学徒がいたが、彼はエラスムスが訳注『ギリシア語新約聖書』の再版に当たって要望した修正、批判箇所のアンケートに答えて、いくつかの批判事項を書き送った。ところがエラスムスはそれらをいずれも賛成しかねるという理由で採用しなかったのがもとで、リーは何かにつけて彼の論敵となった。その論争は前に紹介したルフェーヴルとの論争と違って、相手が若輩ということもあったせいか、エラスムスは皮肉まじりに彼を嘲弄《ちょうろう》するばかりか、いささか底意地のわるい仕打ちだが、ドイツのヒューマニスト仲間にリー攻撃論を書かせておいて、「全ドイツがリーには憤激しています。私は彼らをなだめるのに苦労しています」と、イギリスの友人たちに書き送ったものである。すでに述べたとおり、この年はルターが「全ドイツ」に向かって次々と著書を発表して、激烈な教会改革運動に乗り出していたときであった。

こうしてみるとやはりエラスムスは、ルターの「悲劇」たる「神学上の争論」の歴史的意義についても、何か見当違いをおかしていると思われても仕方があるまい。いずれにせよ、彼は彼が言うほどに「悲劇」の防止に努力しなかったことは事実である。彼は諸方面に向かって「ルターという人もその著書もよく知らない」としばしば言い、ルター自身に向かっては「私の名をあげることはもうやめてほしい」と言い、ルターもそれを承知したいきさつがある。ルターに対して皇帝の勅裁が下されたとき、エラスムスは自分のためにもそれで「悲劇」は落着することを期待したが、すでにドイツ全土は引っこみのつかぬところまで分裂していた。この頃、ドイツの誇る美術家アルブレヒト＝デューラーから、「おお、ロッテルダムのエラスムスよ、きみは今どこにいるのか？……わが方に来《きた》りて神の誇りとなれ」と呼びかけられるかと思えば、今や保守の牙城となったルヴァンでは、彼に旗幟《きし》を明らかにするよう迫っていたのである。彼はもっとも身近かな大学の教師たちに向かっては、なぜ今まで反ルター論を書かなかったかを説明したり、そのうちにルターの著作を読んで事態の緩和に乗り出そうと約束したり、あるいは折からルヴァン大学を訪れた教皇使節に向かっては、修道士たちのエラスムス攻撃を禁止するよう請願したり、彼なりに忙しく対処していた。

宗教改革についてはよく、「エラスムスが卵を生んで、ルターがそれをかえした」と言われるが、すでに『痴愚神礼賛』や『キリスト教兵士必携』などで当時の宗教界を批判し続けてきたエラスムスが、どうしてこの期《ご》に及んで自己をコミットしなかったのであろうか。彼の交友リストに載る著名なヒューマニストたちは、多かれ少なかれ自己の立場を明らかにしていた。トマス＝モアを始めとするイギリスのヒューマニストたちは、反ルターの側に立った。モアは若いヘンリー八世を助けてルター反論書を公表し、王は教皇から「信仰擁護者」の称号を授けられた。ルフェーヴルを始めとするフランスのヒューマニストたちは大体においてルターを支持していた。ことにルフェーヴルは地元の民衆に向かってルター流の改革運動を行ったり、エラスムスの校訂版に拠って聖書のフランス語訳を試みたりしていた（例のエラスムスとの論争点は、自説を撤回してエラスムス説に従った）。ドイツのヒューマニストたちはフッテン、ツヴィングリ、メランヒトンのような改革派が目立ったが、大部分は穏和な保守派であった。

こういう中にあってエラスムスの立場に寄せる期待の目は、次第に切実と焦躁の色を濃くしていった。これ以上ルヴァンにとどまれば、彼はやがて保守派陣営に組み入れられるにちがいない。そうかといって弾圧と火刑の危険をおかして改革派を名乗るわけにもいかない――「誰もが殉教者になれるほど強いとはかぎりません。騒動ともなれば私などはペテロの轍《てつ》を踏むのではないかと心配です」と、エラスムスが述べたのはこの頃であった（「ペテロの轍」とは、キリストの一番弟子だったペテロが、捕えられたキリストとはなんのかかわりもないと言い張った故事をいう）。優柔不断のエラスムスが、訳注『ギリシア語新約聖書』の第三版を準備するために、バーゼルに向けてルヴァンをあとにしたのは、一五二一年一〇月末のことであった。彼はまた戻ってくるつもりだったのであろう、彼の学寮の研究室も書籍もそのままにしていった。しかし彼は戻らなかった。

III　晩　年

——孤立する静観者

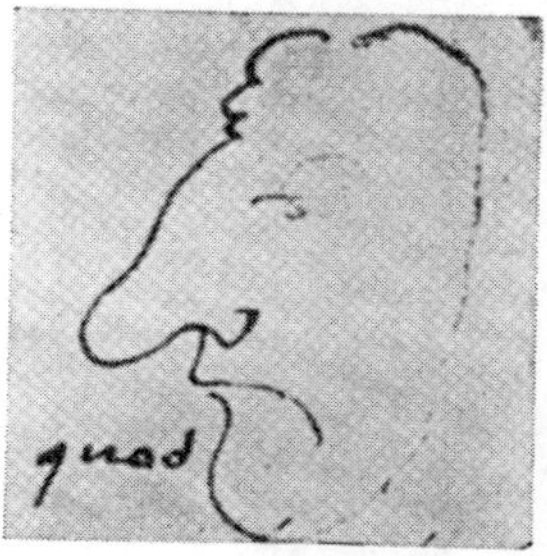

一〇、バーゼルにおけるエラスムス

晩年の始まり　エラスムスがバーゼルに移ってからの八年間、それからフライブルクに移ってからの六年間、そして仕事の都合でバーゼルに滞在した最後の一年間――計一五年間の彼の生涯は、もう見とおしのきく生涯であった。彼は政治、宗教、社会、いずれの方面の実践運動にもかかわることなく、ひたすら文筆の生活に終始する。そしてこの自由業の生活をおびやかす恐れのある地位や官職は、たとえ司教位であろうと枢機官であろうとこれを拒否する。こういうと、いかにも彼が筆一本で戦う在野の警世家のようにきこえるかもしれないが、彼からそういう勇ましさを期待することは、結局むだな事になるであろう。

宗教改革の流れは、その堰《せき》を切ったルターさえも呑みこむような奔流となって、大きな政治的、社会的動乱の様相を呈していった。改革勢力に対して強圧的であった皇帝カール五世は、トルコの動向を含む国際状勢の変転に応じて弾圧と懐柔をくり返す。それはやがて二大勢力の武力闘争に発展することになる。

「私は百姓の子だ」と揚言するルターが、「キリスト者はすべてのものの上に立つ自由な君主で

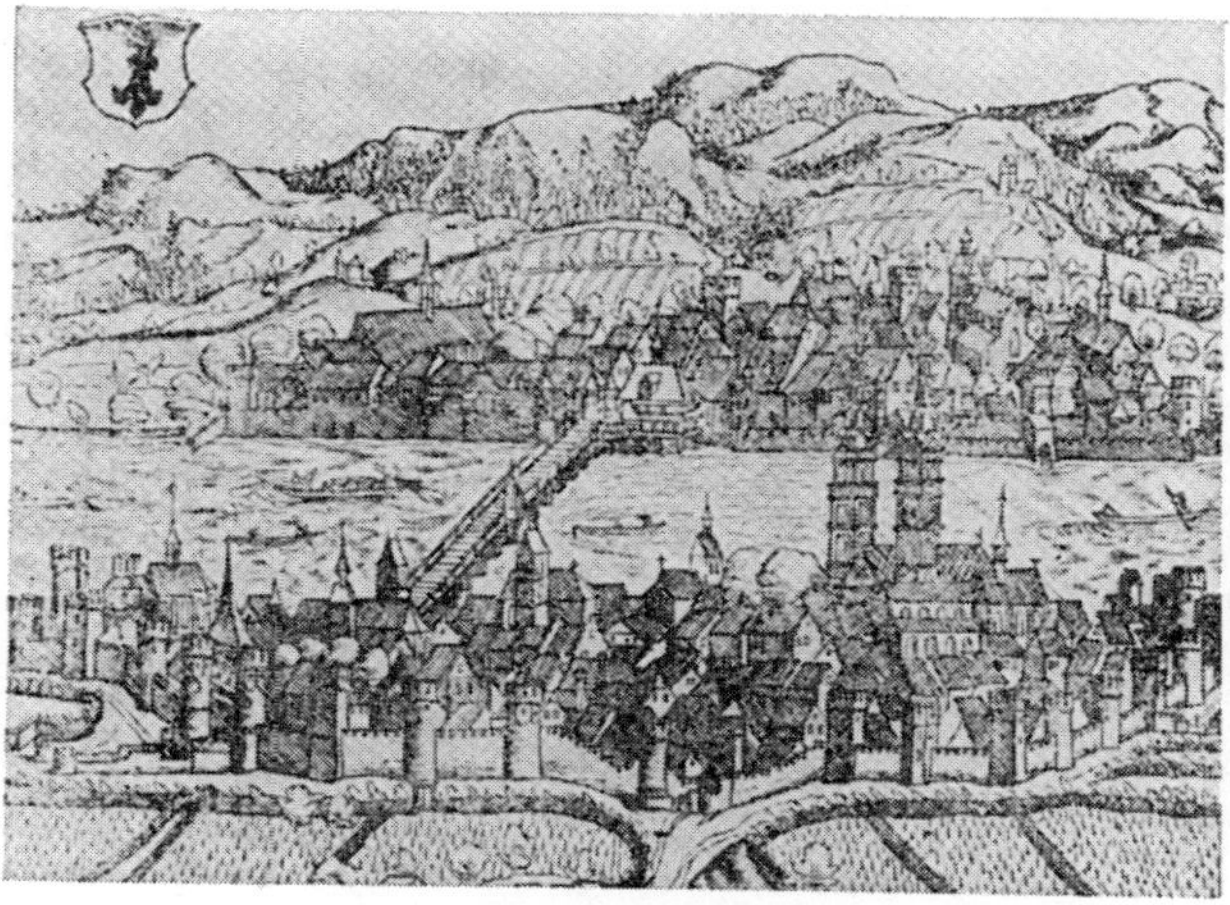

1548年頃のバーゼル

あって、何びとにも従属しない」と言ったときの「キリスト者の自由」は、同時にまた「キリスト者はすべてのものに奉仕する下僕《しもべ》であって、何びとにも従属する」という命題によって規定されるのであるが、このような個人の自覚を呼びおこすところの信仰思想は、ルター自身にとって思いもよらぬ方向に大衆を走らせ、過激な社会改革運動を生み、南ドイツでは大規模な農民一揆《いっき》をひきおこした（一五二四年～二五年）。ルターはこの反乱に対して烈火のごとく怒ったと言っても言いすぎでないような痛罵《つうば》を農民に浴《あび》せて、彼らの鎮圧を主張した。おかげで領主たちは容赦なく彼らを討ちはらった。以後ルターは農民の間で「うそつき」（Lügner）先生とあだ名された。宗教改革におけるルター個人の発言力が働いたのは、この頃までであった。それ以後、ローマ教会に対していわゆるプロテスタント教会が確立する過程では、状況が露骨に政治性を加えていったので、彼の指導力は次第に後退するに至った。

宗教改革におけるルターの指導力が一五二五年頃から後退したというならば、バーゼルに移ったエラスムスは、それよりもっと前に宗教改革の舞台からおりていた。彼の訳注『ギリシア語新約聖書』の序文や『平和の訴え』、あるいは『キリスト教君主教育論』などにうかがえるように、彼にとって国家、社会の望ましき発展は何よりも個人のモラルとヒューマニスティックな教養の問題であった。彼はこの二つを強調することによって、宗教改革を始めとする諸改革が促進できるものと考えていたらしい。ところがその宗教改革が思いもよらぬような闘争を伴う事態に直面して、彼はルヴァンからバーゼルへ避難したように、それに巻きこまれることを極力避けたのである。

『対話集』その他

バーゼルにおけるエラスムスの著作活動は多彩であった。そして著作収入も豊かになり、それは彼に自立の道を保証した。主著の訳注『ギリシア語新約聖書』は改訂第三版（一五二二年）第四版（一五二七年）と版を重ね、古代教父の著作集は、イレナエウス、キプリアヌス、ヒラリウス、アムブロシウス、アウグスティヌス諸聖人のもの、そして聖ヒエロニムスの改訂版、また東ローマ教会（ギリシア教会）の聖クリュソストモスの著作のラテン語訳、それから教父ではないが、ローマ神話を批判してキリストの神性を弁じたローマの修辞学者アルノビウスの著書など――次々と校訂して出版した。

彼は訳注『ギリシア語新約聖書』と平行して『新約聖書釈義』を出した。これは『ローマの信徒への手紙』の釈義（一五一七年）から始まって各『手紙』の釈義、次いで福音書各巻、『使徒行伝』と続いて、新約聖書の全釈義（ただし『黙示録』を除く。この釈義はついに書かれなかった）が初めてまとまって出たのは一五二四年三月のことであった。

訳注『ギリシア語新約聖書』と『新約聖書釈義』の異なるところは、「釈義とは翻訳ではなくて、もっと自由な注解文のことだが、中の諸人物の言葉はできるだけそのまま伝わるようにしたもの」であり、「訳注新約聖書の注記が多数の読者ではなくて限られた神学の専門家を対象としたものである」のに対して、『釈義』の方は、出典もいちいち明記せずにわかり易く書き流したものになっている。『訳注』の方がしじゅう批判や非難を招いて、著者を反論、弁解に駆り立てたのに、『釈義』の方は一般の受けもよくて、まもなく各国語に翻訳されるに至った。「私はすべての家庭の主婦が福音書とパウロの手紙を読むことを願う。これらがあらゆる言葉に翻訳され、これらを農夫は耕《たがや》しながら、職人は機織《はたお》りしながら、口にのぼせ、旅人は旅のなぐさみにすることを私は願う」というエラスムスの願いは、彼自身の業績によっても、ある程度果たされたというべきであろう。

さてキリスト教とは直接関係のない古典の編集や翻訳、あるいは例のベストセラーの一つ『古典名句集』の改訂増補と共に、同じくベストセラーの『日常会話文例集』（第三章参照）の改訂増補も行われた。すでに述べたようにこの『日常会話文例集』は、もともとエラスムスがパリでラテン語の個人教授をしていた頃の教材であった。それを生徒が筆記したものが人手に渡って出版されたので、エラスムス自身の手になる補正版が一五一九年に出された。以来それは各地の書店から出て版を重ねた。

一五二二年三月、バーゼルのフローベン書店から出た改訂増補版は、分量もいっきょに二倍になったが、以後ほとんど毎年、改訂増補の新版が出て、一五二六年には書名も改められて、こんにちの『対話集』となった。その後も増補は続いたが、これはもう会話文例集ではなくて、たとえば「青年と娼婦」とか「魚屋と肉屋」とか、二人の人物が交わすせりふから成るところの寸劇集であった。そしてこれは各国語に翻訳されて、もっぱら対話の内容を楽しむ読み物となり、『痴愚神礼賛』と並ぶエラスムスの代表的文芸作品となった。

計五四編の『対話集』の大部分は宗教、道徳談義だが、たとえば修道院に入りたがる生娘《き》と、それを思いとどまらせようとする青年との対話の一節はこうである――

カタリナ「純潔を守る決心を変えるくらいなら、死んだほうがましよ」。

エウブルス「けれどもそのために修道院へ閉じこもる必要など、全くないよ。あとになって出ようたって出られないしね。両親のもとだって、ちゃんと君の純潔は守れるんだ」。

カタリナ「それはそうだけれど、あんまり確かじゃないわ」。

エウブルス「とんでもない。僕の考えでは、年じゅう食い過ぎて脂《あぶら》ぎった坊主たちのそばにいるより、ずっと確かさ。やつらは去勢されているわけじゃないんだぜ、念のため言っとくけれど。『神父《おとう》さま』などと呼ばれているが、やつらはこの呼び名が現実にふさわしくなるようなことを、年じゅうやらかしてるんだ」。（主として二宮敬訳による。）

それでこの青年は、ついに彼女を説得できるかしら、という興味も出てきて先へ読み進むわけである。

次は三途《さんず》の川の渡し守《もり》カロンと復讐神アラストールの対話の中の一節――

カロン「地球上の三人の大君主が憎み合って、お互いの破滅目ざして突進しているんだそうな。キリスト教を奉ずる地方で戦争の嵐をまぬがれている所は一つもない。この三人が残りすべてを軍事同盟に引きずりこんだからだ。どいつもこいつもかっかとしていて、ひとりとして相手に譲ろうという気がないんだな。デンマーク人もポーランド人もスコットランド人もそうだし、トルコ人はむろんそのあいだ寝ころんでいるはずがない。恐ろしい危険がせまっているんだ。スペイン、イギリス、イタリア、フランスの各地にペストがはびこって、おまけに意見の対立から生まれた新種の悪疫が、あらゆるひとの心を冒《おか》したために、誠実な友愛というものが影も形もなくなってしまって、兄は弟を疑い、妻は夫としっくりゆかないというありさま」。

「地球上の三人の大君主」とは、ドイツ皇帝兼スペイン王カール五世と、フランス王フランソワ一世およびイギリス王ヘンリー八世のことである。すでに第九章「宗教改革の政治性」の項や本章の初めに述べたように、当時のヨーロッパにおける政治的状勢は、前記の三君主と教皇の合従連衡《がっしょうれんこう》によって左右されていた。戦争は彼らの領土拡張の野心によってひきおこされるというのがエラスムスの考え方であった。戦争に加えてあちこちに流行するペストがあり、さらに近頃は宗教改革派と既成教会派との対立、抗争、改革派内部の分裂抗争という「新種の悪疫」がたけりくるっているというのである。教会を改革するという尊敬すべき目的が、どうして憎悪、暴動、戦乱を生むのであろうか――実践運動の場から離れたエラスムスには、それが笑うべき痴愚に見えるのである。

カロンは続けて言う――「(冥土《めいど》の)上の世界にはポリュグラフス(「多作家」の意、すなわちエラスムス)という男がいて、絶えずそのペンで戦争を批判し、平和の回復を呼びかけているんだそうな」。

アラストール「あいつはもうだいぶ前から聾《つんぼ》の耳もとで歌い続けてるのさ」。

ざっとこういう軽妙な語り口で対話は進められているのだが、その中で作者自身もモデルにしているように、エラスムスは自分の気にくわない論敵を変名で登場させてはからかったり、やっつけたりしているのである。前に紹介したエドワード＝リー(第九章)などは、一五一九年版ではおべんちゃら、ほら吹きとして登場するが、仲直りした頃の一五二二年版ではそれが削除されている。

こうしてこの書はあちこちで物議をかもしたが、とりわけパリ大学神学部の告発は大がかりなもので、『対話集』を「異端、瀆神、背徳」の書として、その証拠を六九の具体例であげながら、閲読禁止の処分にしている。パリ大学神学部はローマ教会を神学的に支える有力な機関であったから、その書籍検閲はなかなか権威があり、本の売れ行きにも大きな影響をもたらすものであった。エラスムスはただちに折から出る『対話集』の新版に反論を掲載することにしたが、このことはエラスムスが宗教改革派とは別の立場から既成教会に対して依然として批判を加えていることを示すものであった。

しかし『対話集』は宗教改革におけるエラスムスの姿勢を示すだけのものではない。それは『痴愚神礼賛』と同じく、作者の人生観を示すところのユーモラスで風刺的な作品に仕上っている。作者はトマス＝モアと共同でルキアーノスの作品を翻訳出版している。ルキアーノスは、「神々の対話」とか「死者たちの対話」とか称するもので、ギリシア神話のばからしさや、人間どもの虚栄虚飾を風刺したり、あるいは人生の矛盾に悩む哲人が最善の生き方を冥土《めいど》の神に尋ねたところ、「笑《え》顔をもって日々の仕事にはげめ」と教えられたという話などを書いた古代ギリシアの作家である。モアといいエラスムスといい、彼らは明らかにルキアーノスに親近性を感じ、その影響を受けたヒューマニストでありモラリストであった。

エラスムスとルターの論争

エラスムスはルターの改革意見に対して必ずしも反対ではなかったこと、しかしルターの過激な言動がまきおこす騒動には巻きこまれたくはなかったこと、など

ヘンリー八世

についてはすでに各所で述べてきた。しかし反ルターの立場を明示するようなものを何か書けという慫慂《しょうよう》と圧力は、エラスムスがバーゼルに移り住んでからも絶えることがなかった。しかもそれらは、彼が以前から恩顧を受けたりしているところの貴人高僧の筋からくるものであった。たとえばイギリスのヘンリー八世とかローマ教皇のハドリアヌス六世であった。すでに述べたように、改革騒動におけるルター個人の指導力は後退していたし、エラスムスに至ってはとっくに舞台からおりていた。しかしラテン語世界の論戦は相変わらず活潑であった。ルターは罵言《ばげん》に満ちた反論をヘンリー八世に対して発表すれば、エラスムスの親友モアは匿名《とくめい》で反ルター論をロンドンで出版する。こういう中にあって、とかくルターびいきと吹聴《ふいちょう》されがちなエラスムスも、何か反ルターの文章を書かないと具合がわるくなってきたらしい。一五二四年四月一五日付の手紙の中でルターはエラスムスに向かって、「つね日頃、貴下が表明されてきたところの『悲劇の一傍観者』たる立場を、今こそ守られたい」と要望している。

しかし同年九月、エラスムスの『自由意志論』という文書が公刊された。この「自由意志」、あるいは「自由な判断、選択」というのは、キリスト教神学上のきわめて特殊な問題であって、多くの人びとが関心を持つような一般的な問題ではない。エラスムスがこの問題をとりあげた前提は、いうまでもなくルターの所説があった。それは「（人の始祖アダムとエバの）堕落以後は、人間における選択の自由とは単に名のみの存在にすぎない」という命題であった。つまり人間の意志の自由を否定したものであって、これが教皇から異端であると宣告されると、彼はそれに答えて発表したところの『レオ一〇世の最近の勅書によって断罪されたるマルティン＝ルターの全信条の宣言』の中で、改めて次のように述べている。

「選択の自由とは虚構もしくは虚辞にすぎない。なぜならば善悪いずれにせよ、何かを自由に意図することは、人間には不可能なことであり、かつてコンスタンツ公会議において断罪されたウィックリフの信条がいみじくも教えるごとく、すべては全く必然によって生起するからである」と。ウィックリフとは一四世紀に生きたイギリスの神学者で、宗教改革の先駆者であった。

人が罪から救われるということは、神の思《おぼ》し召しによることと、人の自発的なこころざしに係わることと、二つから成るという信条において、後者を重んずることから、たとえば人が善行を積むことによって、神の思し召しを左右することができるかのように考えたり、あるいは前者を重んずることから、人は一見自由に決意したり行動したりしていても、それはことごとく広大無辺な神の摂理のうちにあるのだから、ひたすら神の思し召しにすがることが大事なのだという考えもある。

ルターは、従来の教会が善行のうちに巡礼参りとか免罪符の購入などを重要なものとして数える形式主義を排するの余り、何よりも神の思し召しにすがる信仰心が優先することを強調して、人の業《わざ》などは物の数《かず》ではないし、そもそも堕落以後の人間が何を行おうと、それはかたわになった能力の所産であってみれば、けっして自由自在のものではないと主張するに至ったのである。この意味において人間の自由意志は全くないのである。

エラスムスは形式的な善行主義を批判する点では、ルターと共鳴したが、人間の自由意志を全く否定する後者の極論には賛成しかねたのである。少なくともこの点では、心にもない党派的反論でなくて誠意ある批判をルターに呈することができる。おそらくそう考えて彼は『自由意志論』の筆をとったように思われる。彼はまず、

「この意志の自由という問題については、古来から多くの哲学者、神学者が頭を悩ましてきたものであるが、およそ労多くして得るところが少なかったように思われる」と述べ、「近頃またこの問題を採りあげて節度ある討論を展開した」例がみられたが、こんどはマルティン＝ルターがその『宣言』において「いささか激した調子で」この問題をむし返したという。

エラスムスが「友人にすすめられて」この問題の論議に加わるのは、ルターに論争を挑《いど》むためではない。それというのも「およそ争いは自分のもっとも嫌うところであり」、「何かを言い張ったり、言い切ったりするよりは、懐疑論者の地位に甘んずる方がましだからである」。「一つの意見を

固執するあまり、それと異なる意見はいっさいこれを許さないという性向は、正直のところ自分の好むところではない」。意志の自由に関する古来の諸説に通暁《つうぎょう》しているわけではないエラスムスにとって、「せいぜい言わんとするところは、人間の意志は多少自由に働く力があるということである」。

この前書きにおいてすでにエラスムスは、ルターの態度を風刺していることがうかがえるであろう。そしてその最後の方で彼はこう述べている――

「そもそも探索すべからざるものを探るよりは、計り知れぬものを崇《あが》める方が篤信の道に近い。三位一体《さんみいったい》の位格上の区別とか、聖霊の発出の仕方とか、処女降誕のありようとかを究明せんとして、いかに多くの争いが生じたことか。処女マリアが神の子を身ごもったということについての論議で、なんたる騒ぎが起きたことか。かかる事柄をせっせと究明せんとした結果が、人間相互の融和を失い、互いに憎み合うとは、いったいどういうことか」。

神学上の精緻な理屈などに夢中になってけんかするよりは、キリストの単純な教えを単純に守って、隣人と仲良く暮らすことをすすめたエラスムス年来の態度（第四章『キリスト教兵士必携』参照）がはしなくも表明されたわけである。

さて『自由意志論』の本文に当たるところは、およそ四つの部分から成っている。第一部は、意志の自由ということの正否もしくは真偽を決定する基準または根拠に関する所論である。ルターは聖書のほかには権威ある根拠をいっさい認めないから、古来意志の自由を認める圧倒的多数の哲学者、教父たちの所説は不問に付するとして、それではいったい聖書の述べるところを人が理解し解釈する場合、その正否の基準を何に求めるのかというと、ルター一派はその人に宿る聖霊の有無であるという。それならば「数名の人びとが相異なる解釈を提出して、おのおのがわれに聖霊ありと主張したならば、どうすればいいのか」。また、自由意志の問題についてはローマ教会も古来の教父たちも誤りをおかしたことになるならば、「聖霊は一三〇〇年の長きにわたって、それをあえて見すごしてこられたのであろうか」。

「さらば」とエラスムスは言う、「人はそれぞれにこうと思いこむ事を言うがいい。私もまたわが胸に宿ることばを綴《つづ》らんと願うのみである」。

こうしていよいよ聖書の検討にかかるのだが、「聖書の中には意志の自由を認める章句が数多くみられる反面に、それを否定するかのように思われる章句も若干ある。しかし聖霊に鼓吹されて書かれている以上、自己矛盾をおかす筈もないのだから、その両者を慎重に読み合わせなくてはなるまい」と言う。そこでまず「意志の自由」を定義して、「人が永遠の救いに至る道に就くか背くかを決め得る意志の力」とするのである。

第二部は、その「意志の自由」を認める聖書の章句の検討で占められている。検討の過程で五世紀初めのペラギウスの異端説と、それに対立する聖アウグスティヌスの所説を始めとして、ルターに至るまでの諸家の説が紹介される（前書きでは古来の諸説に通暁していないと言いながら、なかなかの博識ぶりである）。要するに言わんとするところは、「自由意志は原罪のために傷つけられてはいるが、全く滅びたわけではない。それは一種の麻痺《まひ》にかかり、神の恩寵を受けるまでは善よりは悪に傾きがちだが、全く働かなくなったわけではない」というにある。

第三部は、聖書において自由意志を否定するかのようにみえる章句の呈示とその解義で、たとえば「創世紀」の文句「すべて人の心に思い図《はか》ることは、つねに悪い事ばかりである」（六・五）とか、「人の心に思い図ることとは、幼い時から悪い」（八・二一）などは、ルターによれば人間に意志の自由が与えられていないことを証するものであるという。「しかし」とエラスムスは言う、「もしも人の思い直《なお》しがその意志によらずに、すべてがある必然によって神の手で果たされるものならば、何故に人は悔い改めるための猶予を与えられたのであろうか」。こう言ってエラスムスは同じく「創世記」から「人の寿命は一二〇年であろう」（六・三）という文句を引用し、「これはヒエロニムスによれば人の寿命を述べたものでなくて、大洪水の起きるときまでの時間を意味しているのである。それは、もし人が欲するならば、その悪い心を改めるための猶予として与えられたものである」と解釈するのである。

しかし全知全能の神は、人間の意志や行動はすべてこれを予知するのみならず、その予知することはすなわち意志することであるという考え方に従うならば、エラスムスの解釈は必ずしも十全ではない。事実彼は新約聖書「ローマの信徒への手紙」中の、「誰が神の御心に逆らうことができようか」（九・一九）という文句に関連して、この問題を追究することの難しさを暗示しているのである。

さて最後の第四部は結論である。「意志の自由を全く否定してしまうと、いろいろ不合理な事が生じてくることは、いちおう明らかになった」というわけだが、それにつけても聖書の記述には曖《あい》昧《まい》なところや一見矛盾することが少なくないのだから、われわれは中庸を得た穏健な見解を求めるほかはないとエラスムスは言う。「いま世界は行き過ぎた極論の激突でゆれているのである。双方がその行き過ぎを固執するならば、あたかもかのアキレスとヘクトールの闘いにおけるがごとく、斃《たお》れるまでは続くことになろう。なるほど、曲がった金棒《かなぼう》を矯《た》めるためには、反対の方向に曲げればいいとは、よく言われるところだが、これは信仰上の問題には通用しない」。ローマ教会の行き過ぎた善行主義もいけないなら、ルター一派が善行の功徳性を全面的に否定するのもいけないというわけである。

エラスムスの『自由意志論』が発表されてから一年三ヵ月ほどたって、ルターの『奴隷意志論』（一五二五年一二月）が出た。時間が意外に長くかかったことはルター自身も認めているが、一つには前にも述べたとおりドイツの各所におきた大規模な農民の反乱などで、彼に執筆の余裕がなかったためであろう。

しかし彼はこう言うのである——「私が貴下に答える気持ちを無くしたのは、私が忙しかったためではない。また、これは難しい仕事になるだろうと考えたり、貴下の雄弁に圧倒されたり、貴下を恐れたりしたためでもない。そうではなくて、あえて言わせてもらうならば、貴下の論文に対して私がおぼえたところの胸のわるくなるような嫌悪、憤懣《ふんまん》、そして軽蔑のためであった」。

このルターの言い草は、最初から両者の議論がかみ合わないことを暗示する。筆者は今ここで両者の説を、エラスムスの言うように「学者らしく冷静に」比較検討するような神学的関心もなければ学力もない。ただ両者の人柄や思想的性格がいかに対照的であるかを例示することによって、エラスムスの人物像がいっそう鮮やかになれば足りるのである。

ルターは、『自由意志論』の前書きからいちいち順を追って反論していく。

「貴下は何かを言い張ったり、言い切ったりするよりは懐疑論者でいる方がましだと言うが、この一貫した主張を避けるということは、キリスト者の心情ではない。自己の見解を堅持し確認し、あくまでそれを明言して屈しない人こそキリスト者なのである。断じて懐疑家や知識人であってはならない」。

エラスムスに比べて、まことに断固としたものである。

「貴下もまた信仰無き学者と同じく、聖書の中には曖昧《あいまい》なところや難解な事柄があると言う。なるほどそのとおりであろう。だがそれは、たまたまある言葉や文法的事項をわれわれが知らぬことによるのであって、尊い主題のせいではない。主題は明白、すなわちキリストは人の子となられた、神は三位一体である、キリストはわれらのために受難され、永遠にわれらの上に臨みたもう。これはまさに隠れもない真実ではないか」。

読者の中には、このルターの反論をエラスムスの言い分と思い合わせて、いささか強引に過ぎると思う人もいるかもしれない。この強引さはしかし、一つにはルターの強烈な信仰経験によることが、読み進むうちにわかることであろう。

すでに述べたような、全知全能の神が定める摂理の必然に関して、ルターはこう述べているところがある——

「善と憐れみに満ちているはずの神が、まるであわれな人間どもの罪や永劫《えいごう》の苦難を楽しむかのように、もっぱらその思《おぼ》し召《め》しだけで人を見捨て、かたくなにして地獄へ落とすとは、これはわれらの常識からいっても自然の理性からいっても全く憤慨に堪えないことのように思われる。神とはそういうものだと思うことは、不当、残酷、まことに堪え難いことであり、それは古来多くのすぐれた人びとにとって憤懣《ふんまん》の種であった。いや、憤懣の種にならない人がいるだろうか。かく言う私自身、一再ならずそのような思いにおちいり、ときには絶望の深淵《しんえん》に沈んで、人と生まれたことをくやんだ。やがて私は、いかにこの絶望が回生の妙薬であり、いかにそれが神の御恵《みめぐみ》と隣り合わせであるかを知った」。

ルターの、いわば憤激と絶望の淵《ふち》から這いあがって摑《つか》んだような強烈な信仰には、余人の介入を許さぬものがあるに違いない。それは「学者らしい冷静な」論理では割り切れぬものがあるに違いない。ルターがエラスムスの文章に対して「胸のわるくなるような嫌悪感」を持ったというのは、ただのハッタリではあるまい。

「エラスムスがおそらく善意から私にすすめるような道、すなわち聖書の矛盾や難所を除こうとして自由意志なるものをちょっとばかり容認するという穏健な中庸の道を、私は受けいれたり大目にみたりすることはできない」。

ルターが「自由意志なるものをちょっとばかり容認する」とするならば、次のような仕方においてであろう。

「人が自分の財産や持ち物を使おうと使うまいと、それはその人の自由である、というような意味の自由意志なら、それはそう言ってもいっこう差し支えはない（もっともそれもまた広大無辺の神のご意志に支配されていることに変わりはないのだが）。ただ、人の救済と破滅にかかわるあらゆる事柄においては、人に自由意志は全く与えられていない。人は神の意志か、または悪魔の意志の、捕虜であり召使であり奴隷なのである」。

さてこの『奴隷意志論』に対して、エラスムスは翌年の二月に再び反論を発表したが、結局両者は食い違いのままであった。皮肉なことは、エラスムスが多年攻撃してきたところの、信仰よりは理屈に熱心なスコラ学者風の議論に長《た》けていたのは、ルターよりはむしろエラスムスであったということである。

十一、終　焉

一五三〇年前後の状勢　エラスムスが『自由意志論』と『ルター反論』（後者は宗教的、文化的、政治的秩序の破壊者としてのルターを論難したもの）を発表したところで、彼の拠るべき保守派の立場が鮮明になったわけでもなければ、念願のヨーロッパの秩序と平和が保持されたわけでもなかった。

『対話集』を禁書処分に付したパリ大学神学部のノエル＝ベダは、『ルフェーヴルならびにエラスムスに関する論考』（一五二六年五月）において、両者は聖パウロの言葉を曲解してルターの教義を宣伝していると非難するし、そういうベダを反駁《はんばく》したルイ＝ド＝ベルカンはやがて異端者として告発されて投獄、火刑に処せられた。彼はルターとエラスムスに私淑し、両者の著書の仏訳を弾圧に抗しながら出しつづけたクリスチャン－ヒューマニストであった。彼にとってはルターもエラスムスも等しく改革派の著名な代表であった点では、ベダと共通していた。

ドイツにおいては、皇帝ならびに皇帝派諸侯と、彼らと政治的利害を異にする反皇帝派との対立抗争は、落着することなくくり返されていた。一五二九年に対戦国フランスとの講和が成立したと

ウルリッヒ＝ツヴィングリ

ころで、皇帝カール五世はスパイアー市に帝国議会を召集し、ルター派を始めとする改革諸派の今後の改革活動を禁止する法案を可決させた。反皇帝派の諸侯はこれに抗議する声明を行ったので、以後、宗教改革派に加わる人びとは「抗議者」すなわち「プロテスタント」と呼ばれるようになった。プロテスタントの諸侯は一五三一年、シュマルカルデン市に会合して同盟を組織し（以後「シュマルカルデン同盟」と呼ばれる）、ドイツは対外戦争に加えて内乱の危険をはらんで動揺した。

また一五二九年の法案が、ルター派の既得権は認めたが、ツヴィングリ派や再洗礼派には全面的な禁止を科したことは、ドイツにおける改革派内の分裂、抗争を助長する結果となった。「プロテスタント」という名称は、当初は多数の諸侯を擁するルター派の別名であった。

エラスムスの地元バーゼルのあるスイスは、どんな状勢下にあったか。スイスは宗教改革の市場であり、多くの改革者たちが出入りした。初期の最大の改革者は地元出身のウルリッヒ＝ツヴィングリであった。彼はバーゼル大学で学んで後、スイス各地の司祭となり、ルターと似たような改革の道を進んだ。彼の影響を受けた所では修道院が廃止され、教会の施設、行事のラディカルな改変が進められた。この運動はバーゼルを始めスイス諸州に波及していったので、各地でローマ教会派と衝突するに至り、内乱の危険が迫っていた。一五二九年、ツヴィングリは「化体」の教義についてルターと会談し、保守的なルターと別れてからは、ルター派と対立するツヴィングリ派が確立した。

バーゼルでは、エラスムスより一年おくれて来住したエコラムパディウスが、ツヴィングリ派の一員として市会に働きかけながら、着々と改革運動を進めていた。彼とは旧知の間柄であるエラスムスは、この漸進的な改革運動を半ば警戒の目をもって眺めていた。エラスムスはしかし、一五二四年にフランスからやってきたギョーム＝ファレルの過激な改革運動には露骨な憎悪感を持った。この男はまもなくバーゼルから追放されたが、後に例のカルヴァンをジュネーヴにひきとめた人物として記憶されている。

エラスムスから危惧《きぐ》の念を抱かれていたエコラムパディウスは一五二八年、蜂起《ほうき》した民衆の支援を背後に果断な処置に出て、市会に全面的宗教改革を迫った。そして翌年二月には修道院は廃止され、教会の施設、行事は改変され、彼は教皇から独立したバーゼル教会の初代の牧師となった。

孤立するエラスムス

一五二八年の三月、エラスムスは『ギリシア、ラテン語の正しい発音についての対話』と『キケロ派』の二篇を収めた本をフローベン書店から出した。いずれも古典語学者としてのエラスムスの見識を示したものだが、とくに後者は、イタリアの

64歳前後のエラスムス

多くの古典語学者が金科玉条としているキケロの文例に盲従することの愚をからかったものである。彼の『対話集』と同じく、三人の登場人物——ひとりは著者の見解を代弁する七〇歳ぐらいの老人、ふたり目はそれに調子を合わせる連れの者、そして三人目は彼らと同窓の旧友で札付きのキケロきちがい——による掛け合い話になっている。

このキケロ学者は、三巻から成るキケロ用語辞典ともコンコーダンスともいえる巨大な書物を作っていて、これを参照しながらたとえば「ナースートゥス」(nasutus「鋭敏な」)という形容詞は使ってもいいが、その比較級、最上級はキケロの文章には見当たらないから、使ってはいけないというのである。だから（キケロの死後約四〇年のことで）「イエス＝キリストこの世に来《き》ませり」ということになると、「ユピテル（ジュピター）オリンポス山より飛来したもう」なんて書くことになる。

この掛け合い話の背後にあるモラルは、ヒューマニストが陥り易い異教趣味の過剰を戒めることにある。すでに第八章「ヒューマニスト」の項で述べたように、当時ヒューマニストと呼ばれたキリスト教徒は、多かれ少なかれギリシア－ローマの異教趣味になじんでいたばかりでなく、キケロのラテン語というのは彼らにとって常時学ぶべきお手本であった。

エラスムスの『キケロ派』は各国のヒューマニストたちの癇《かん》にさわった。とりわけ異教趣味に溺《おぼ》れるところのあったイタリアのヒューマニストたちは、人文学の本家をもって自任するだけに、この「アルプスの向こう側の」(transalpine) クリスチャン－ヒューマニストに対して攻撃を開始した。

すでに述べたように、エラスムスは反ルター論によってプロテスタントよりはカトリックの側に立つことを明らかにしたが、それでいてカトリック神学の牙城たるパリ大学からは異端視され（そしてやがて一五五八年には教皇から異端の宣告を受けて、彼の全著作は禁書とされるのだが）、その反面ではルターやフッテンに罵倒《ばとう》されたかと思うと、熱烈な改革派のヒューマニストが火刑の危険をおかしてまでも彼のために尽くしたりした。

要するにエラスムスは、単純には分類しかねる毀誉褒貶《きよほうへん》に囲まれながら、しだいに孤立していったのである。

一五二九年四月一三日、彼はライン川下りの船に乗った。明らさまに改革色を打ち出したバーゼルを出て、六〇キロ北に離れたフライブルクへ引っ越すためであった。多くの人びとが見送りにきた。改革主導者のエコラムパディウスも彼と握手して別れをおしんだ。

エラスムスを迎えようとする所はフライブルクのほかにもあり、彼自身もこの地に長く住むつもりはなかったが、気候が思ったより良く、フランスへ出るにも、ライン川を下って故郷のオランダ

秘書に口述するエラスムス

へ行くにも、都合が良かったので、彼は一五三一年には家を買った。そしてこの家で、持病の結石に悩まされながら文筆仕事を続ける一方、失意の思いをもって世の移り変わりを眺めていた。

ドイツではシュマルカルデン同盟が結成された年（一五三一年）に、スイスでは改革派の諸州とカトリック諸州との戦乱でツヴィングリが戦死した。そしてまもなくバーゼルのエコラムパディウスも病死した。エラスムスは、この二人の指導者が亡くなったことを良しとした。「二人が軍神《マルス》の寵愛を受けつづけていたら、われらは破滅していたであろう」というわけである。

ドイツでもスイスでも、新教勢力と旧教勢力とは対立したままで束の間の小康状態が訪れた。そういう中でエラスムスは『教会和合回復論』を出版したが、一見、時代の要請に答える文章のようであって、その実、迫力の欠乏は蔽《おお》うべくもなかった。やがてドイツでは宗教戦争

ジョン＝フィッシャー

の時代に入るし、スイスでは徹底的な改革者、冷厳なるジャン＝カルヴァンの到来が迫っていた。そしてイギリスでは、断頭台の上で異様な逆転劇が進行していた。かつてはルターに論戦を挑んで「信仰擁護者」の栄称を教皇から受けたヘンリー八世は、王妃離婚問題から次第に教皇と対立するようになった。彼がカトリック教会から離反して自分を首長とする独自のイギリス国教会を創立する道を進み始めると、それまで彼を助けて反プロテスタントの旗印を掲げていたトマス＝モアを始めとするエラスムスの友人たちは、次第に逆境に追いやられていった。彼らのうちでコレットはすでに死んでいた。そしてモアは大法官という栄進の頂上へ昇りつめて失脚した。彼とフィッシャーは王の再婚は黙過しえても、王が教皇を排して教会の首長となる案にはとうてい承服することはできなかった。ついに二人は他のカトリック教会擁護者と共に投獄され、相前後して断頭台に血を流した。かねてからエラスムスの恐れていた流血の「悲劇」が、イギリスでも、そしてフランスでも、続いた。彼はある手紙の中で、「モアはあの危険な仕事に介入しないで神学問題は神学者にまかせておけばよかったのです」と述べているが、そうすればモアは命を長らえたとでも言うのであろうか。

エラスムスは『ルター反論』の中で、こう書いている所がある。

「私はカトリック教会に背いたことは一度もない。貴下（ルター）が教皇派教会と呼ぶこの教会の中には、私の不満とするところが少なくない。しかしその点では貴下の教会も私にとっては同じである。人はどちらかといえば古くから慣れている弊害には堪えやすいものだ。だから私はこの教会が良くなるまでこれで我慢し、この教会もまた私が良くなるまで私のことを我慢してくれるほかはあるまい。両悪の間を行く中庸の流れに竿《さお》さす者は、わるい漕《こ》ぎ手ではない」（傍点筆者、このさりげない保身術をみよ）。

しかし「中庸の流れに竿《さお》さす」エラスムスからは、「かつてあれほどたたえてくれた人びとが離れていってしまった」のである。その中には死者もあった。何くれとなく彼の面倒をみてくれたあのマウントジョイ男爵やカンタベリー大司教のウォーラムもすでに故人になっていた。――「私の友は減り、私の敵は増《ふ》えていく」。

現実に存在する党派のいずれにも属さぬ中庸は、いずれにもコミットしないことに通ずる。それは保身の道に違いないが、保身の代償は孤立であった。しかしエラスムスの孤立はそれに尽きるものではなかった。彼の内には、およそ党派性、流派性を好まぬ傍観者、観照者の性癖があった。それはいわゆる文人気質《かたぎ》に通ずるような片《かた》意地なわがままでもあった。すでに述べたように彼がモアと違って差し出されたいくつかの高位栄職をことわったのは、保身の道につながる深慮遠謀よりはむしろ独立自由の境涯を束縛されるわずらわしさによるものであった。晩年のエラスムスは孤立という代償を払いながら静かな日々《ひび》を送っていたのである。

臨　終

エラスムスはもう七〇歳であった（ただしこれは生年についての異説によって六九歳、六七歳となる）。彼は一五三五年六月以来バーゼルに滞在していた。昔変わらぬ校正仕事のためにフローベン書店の印刷所に詰めるためであった。初版物は説教法を教える四巻本の『伝道の書』であった。同じ頃、フランスからバーゼルへ逃れてきたカルヴァンが、彼の膨《ぼう》大な原稿をプラッター書店で印刷しつつあった。それが後に改革派教会の教典となった『キリスト教綱要』であった。

フライブルクのエラスムス宅

バーゼル市の雰囲気《ふんいき》は彼にとって必ずしも快いものではなかったが、彼は平穏に仕事を進めることができた。彼はどうやら無事に仕事を終えることができたら、ネーデルランドかフランスのブルゴーニュに終焉《えん》の地を求めるつもりでいたらしい。前者は言うまでもなく彼の生まれ故郷であり、後者は持病の結石によいと言われたぶどう酒の名産地であった。彼はフライブルクの家を家具の一部と共に売り払った（蔵書はすでにポーランドの貴族に売られていた）。そして「主がこの狂乱の世界から私を御許《みもと》へお召し下さる」日を待つようになった。

オランダやブルゴーニュへ思いを寄せながらも、エラスムスの健康は次第に衰えていった。一五三六年二月には遺言書が書き改められた。宛名《あてな》人も執行人もフローベン書店の経営者、関係者であった。中身には形見《かたみ》分けや慈善寄付の細目も書きしるされていた。やがて彼はときどき錯覚をおこすようになったらしい。誰だれが自分を迫害しているなどと言ったりした。

同年七月一二日、臨終のときがきた。枕頭で人びとが見守る中で、エラスムスはしきりにラテン語で祈りをつぶやいていた。そしていよいよ最後に言ったのはオランダ語で「かみさま《リーヴェゴット》！」であったという。

十二、エラスムスの人間像

素描

デズィデリウス＝エラスムス——中肉中背、色白《いろじろ》で金髪碧《へき》眼、細い声で明るくはっきり話す。ホルバインの描いた肖像スケッチを見て、「ほう、私もこういう顔なら、すぐにでも嫁をもらうね」と言ったそうである。いくつかの肖像画で見るかぎり、そう醜男《ぶおとこ》とも思えないが、彼は自分の風貌《ふうぼう》に不満だったらしい。

身心の性状については英語の'delicate'という形容詞がもっともよく当てはまる。つまりあまり丈夫《じょうぶ》とはいえない。中年以後は持病の腎臓《じんぞう》結石、神経痛に悩まされた。神経質で潔癖で、とりわけ臭《にお》いに敏感である。

「ブライバッハで昼食をとった。かつてないような不愉快な食事だった。食べ物がいやな臭いで参った。それにもまして蝿《はえ》がいやだった」。

「蒸風呂《むしぶろ》のような部屋で夕食をとったのだが、なにしろ六〇人以上はいたろくでなしの集まりだ。その臭気と騒音！ことに彼らが酔っぱらってからは、よけいにひどかった」。

「船旅は天気が好かったのでわるくはなかった。ただ同船した馬の臭いがわずらわしかった」。

旅先からの同じ便りの中で何度も出てくるのが臭いのことである。またバーゼルでは、いやな臭いのする道を避けるために、わざわざ回り道をしていたという。臭いのほかにも洗礼盤の水とか、共用の水飲みなどを不潔に感じたりする。

‘delicate’という形容詞は精神面にもおよぶ。エラスムスの中には、借りた金は気にかかり、予定された仕事は放っておけないというような律気、潔癖、人に対して都合のわるい事は言い出しかねる、そのくせ人から何か言われるとすぐ弁解したくなるような弱気、小心、苦労性――こういう性質が同居している。だから名士によくみられるような、人を人とも思わぬような横柄《おうへい》、押しの強さは無い。あとを引く争いは避けたがる気持ちがあって、よほどいやな相手でないかぎり、和解的な態度をとる。彼は相手をやっつける場合でも、正面切って果断に攻めるよりは、笑いながら当てこすり、いやみをあびせるような側面攻撃をやる。数ある彼の釈明論や反論の中には、ときとすると姑《しゅうと》の嫁いびりのような底意地のわるさがみられるのはこのためである。

彼は人づき合いを求める一方では、自分だけの世界にひきこもろうとする孤独癖――これは文人によくみられる性癖だが、つまり気むずかしくて、照れやで、調子のいい事を言いながら、内心はしらけているといったところがあった。だから第一人称で書かれている手紙よりは、むしろ『対話集』などに案外彼の本心がうかがえることがある。

一つには自分は私生児だという思いがつきまとっていたのかもしれない。卑屈で、ひがみっぽくて、自分ほど不幸不運な人間はいないといった不平を鳴らし、被害者意識に悩まされる。パトロンがくれる年金、手当、祝儀などの額の少ないのを不満に思ってケチ呼ばわりしたり、あれほど賞めたたえたイギリスを一転してわるく言ったりする。これはエラスムスが気のおけない友人にあてた手紙のうちに、ふと現れる彼の一面である。

エラスムスは世事のわずらわしさに巻きこまれたくないと、つねに身辺の平穏を願う反面、およそ彼ほど安らぎのない暮らしをしていた者も少なかった。「どれもこれも気にくわぬ本ばかりでとおっしゃるなら、なんで次から次へとそうお書きになるのですか」と、ある人から言われてエラスムスは、「いや、私は眠れないからなんです」と答えたという。なるほど彼の文章は、不眠症患者がそれからそれへと書きつづけるようなところがある。神経質なエラスムスのことだから、さぞかし推敲《すいこう》に推敲を重ねるのだろうと思うと案に相違して、かりそめの寄宿先でも、印刷工場の中ででも彼はせっせと書いていた。今まで随所で述べてきたように、彼の作品をゆっくりとていねいに読んでいると、重複、くり返しの多いおしゃべりな文章だと感じるのも、このためである。

彼は本を読むにしても、今の売れっ子の評論家のように多くの本を大急ぎで目を通すのは毎度のことだが、漫然と楽しむために読むことはめったになかったのであろう。閑静な所に定住して悠々と読書し執筆するという書斎生活は、彼の理想とするところであったろうが、彼の境遇はそれを許さなかった。

同時代の中で

宗教改革に関してよく「エラスムスが卵を生み、ルターがそれをかえした」と言われることはすでに述べたが、もしもルターがいなかったならば、エラスムスは自分でもそれをかえすことができたであろうか。歴史に仮定は禁物だというが、この疑問はエラスムスの人間像をいっそうよく浮き彫りにしてくれる。

あの強烈なルター、冷厳なカルヴァン、そして対抗宗教改革者としての熱烈なロヨラ——この三人に共通することとは、その心底に神秘主義を内蔵することであり、ルターとロヨラとはその情意の烈《はげ》しさにおいて、ロヨラとカルヴァンとはそのすぐれた組織力において共通していた。そしてこれら三人と比べて、エラスムスは神秘主義も烈しさも組織力も持っていなかった。つまり教祖的、革命家的人物の必要条件を何一つ持っていなかった。

ルターとカルヴァンが罪の意識に深く沈潜することによって神意の絶対性を会得《えとく》した過程は、余人にとっては知る由もない神秘的なものであった。それは、客観的な理解を越える神秘性において『心霊修業』を生み出したロヨラの内面的苦悩の経験と同じであった。彼ら三人が語る回心の経験もまた多かれ少なかれ神秘的であり、劇的であった。

エラスムスにはそういう神秘性はない。彼にはルターやカルヴァンにみられるような罪の意識は稀薄である。第四章『キリスト教兵士必携』の項で述べたように、彼はソクラテスや『倫理論集』におけるプルタルコスなどの古代異教人が、いかに高徳な「聖者」であったかを説き、人間に本来備わる徳性に限りない信頼を寄せるかのような楽天主義者ぶりを発揮する。キリスト者エラスムスの本領は、煩瑣《はんさ》な神学的理屈や教会行事から解放されたキリスト教の簡素化を計って、キリストの愛の教えを日常生活の倫理化に実らせることにあった。

エラスムスの好きな属性は単純、明快、中庸、穏和であった。彼がスコラ学に反撥したのは、その理屈をこねるしつこさにあった。ルターが教皇、国王、そして騒ぐ農民を力をこめて罵倒する烈しさは、エラスムスにとっては嫌悪すべき極端、過激以外の何ものでもなかった。彼が宗教改革の舞台からおりたというのは、保身もさることながら、何よりも過激が過激を呼ぶ抗争、流血、殺戮《さつりく》がいやだったからである。それこそエラスムスにとっては「キリストと何の関係があるのか？」(Quid haec ad Christum?) と言いたいところであろう。

彼は中庸がもたらす穏和、静朗を好む。罪の意識に戦《おのの》いて不安の深淵に沈むような気持ちとは初めから無縁なのである。エラスムスのこのような性質は、おそらく彼の古典趣味によって増強されたことであろう。晩年のエラスムスは古典に惑溺《わくでき》する異教趣味の弊害を説いたが、若い頃の彼の嗜好といい、『古典名句集』の改訂増補に熱をいれつづけた彼の仕事ぶりといい、その異教的古典趣味は蔽《おお》うべくもないものであった。

『対話集』の一篇「敬虔な会食」は、田園を三々五々連れだって散歩したあとで、こざっぱりした屋敷に戻り、庭を眺めながら会食を楽しむといった田園《イディルリウム》詩的な情緒を伝えるものだが、それは基督教的というよりはむしろ古典的というべきものである。屋敷の主人は言う——「私にとってこのような塒《ねぐら》は、どんな王宮よりも好ましく思われます。自由に気ままに生きる人が王であるなら、ここでは私はまさに王なのです」。

また「老人談話」という一篇に登場する老人は、危ない目には遭いっこないような中位《くらい》の人物で、人をとがめたり世間を憤《いきどお》ったりすることもなく、静かに本に囲まれて暮らすことを願うような人物である。いずれも作者のエラスムス自身があらまほしと思ったであろうような境涯である。

単純、明快というのは常識の属性でもある。およそ複雑、精妙、深遠なるものは常識とは縁がうすい。ルター、カルヴァン、ロヨラと比べたときのエラスムスはつねに平明で、前の三人がそれぞれに持っているような陰翳《いんえい》というものがない。「青年と娼婦」という対話の一節――

「ぼくはパウロの教えを知って以来、娼婦と交わることをいっさい止《や》めることにしたんだ」。

「でも、ほんとに我慢できるのかしら」。

「禁欲の大部分は禁欲の意志にかかっているんだ。どうしてもダメなら最後の手段として結婚が残っているよ」。

パウロの教えというのは、「すべてみだらな者、汚れた者、また欲深い者は、キリストと神との国を受けつぐことはできない」（「エフェソスの信徒への手紙」五・五）ということであり、また「未婚者とやもめに言いますが、皆わたしのように独《ひと》りでいるのがよいでしょう。しかし自分を抑制できなければ結婚しなさい」（「コリントの信徒への手紙」七・九）ということである。娼婦を相手にするくらいなら結婚せよと教えることほど平明な結婚観はない。世間の多くの親は口にこそ出して言わぬが、みなそういうつもりで結婚をすすめたり祝ったりするのである。それが常識というものである。エラスムスの宗教観もまた単純、明快、そして意外に常識的なのである。

歴史的性格　『対話集』の中に「言い寄る若者と乙女《おとめ》」というのがある。これは結婚を迫る青年と、それをいなしながらもしまいには承諾する少女との結婚論議である。これは前節で紹介したような結婚観をさらに発展させたもので、男女の肉体的交わりを不潔とする観念を否定したものである。

「みずから去勢した男と、完全な男性でありながら性交を慎む人と、どちらがほんとうに貞潔の誉《ほま》れを受ける資格を持っていると思う？」

「あたしの考えだと、もちろんあとの人こそ貞潔の誉れを受けるはずだわ。最初のほうは気違いじゃないかしら」。

「ところで、厳しい誓願を立てて結婚を断念する者は、ある意味でみずから去勢したことにはならないだろうか？」

「そう思えるわね」。　（二宮　敬　訳）

「誓願を立てて結婚を断念する者」とは、神に修道の誓いを立てて修道院入りをする男女のことで、三段論法ではないが彼らは「気違い」ということになりそうである。エラスムスがこういう風刺をするのは、独身を掟《おきて》とする聖職者、修道士たちの多くが、いかに不自然な後ろ暗い生活を強いられているかを暗示するためであった。そもそもエラスムス自身がそういう生活の所産であったことはすでに述べたとおりである。修道士、修道女の破廉恥《はれんち》に至っては、ここで言うことすらはばかられるような事例が少なくなかった。エラスムスがこういう事態をふまえて聖職者の独身制や修道院制度の批判を行った点ではルターと一致するばかりか、その『結婚礼賛』『キリスト教的結婚論』『再婚論』などを通じて表明された結婚観の斬新、自由な点ではルターよりも進んでいたのである。

　進んでいたということでは、彼は当時としては珍しいほど迷信嫌いであった。「修道士の衣《ころも》を着て死ねば天国へ行ける」とか、「朝、聖クリストフォルスの画像を見ておけば、その日は災難に遭《あ》わない」とかいうような、修道士や聖人の着物や画像、あるいは靴とか杖とかの遺品《レリック》と称せられるものをあがめたり、さらには巡礼、断食、定められた加持祈禱などを形式的に守ったりすることの愚かさを笑う態度は、『痴愚神礼賛』『キリスト教兵士必携』や『対話集』（たとえばその一篇「難船」）などに一貫してみられるものである。

　『エラスムスの勝利と悲劇』（一九三四年）という評伝を著したシュテファン＝ツヴァイクによる

と、エラスムスは二〇世紀のこんにち、なお未来を志向する時代の先駆者であるという。つまり超近代的人物なのである。どういう意味でそうなのかといえば、エラスムスは、近代語と呼ばれる各国語を越えたところの「共通の同胞語、精神の最初のエスペラント」たるラテン語を用いて、「共通の文化文明を旗印にしたヨーロッパ連邦」を志向していたからであるという。このような理念はエラスムスにおいて一瞬体現したかにみえたが、たちまち「狂信的な宗教革命家」や「暴力的な専制君主たち」によって粉砕されてしまったという。前者がエラスムスの勝利であり、後者が彼の悲劇だったのである。

エラスムスは宗教改革者ツヴィングリの招きを謝絶してこう言っている――

「私は世界の市民であることを願っています。すべての人びとと交わる者、いやもっと正確に申せば、一国籍に縛られない居留民でありたいと願っています」。

ヒットラーの独裁下に苦悩したウィーンのユダヤ人ツヴァイクは、まもなくイギリス、アメリカ合衆国、そしてブラジルへと移り住む亡命者であった。最後は絶望のうちに妻と共に自殺したツヴァイクにとって、悲劇の人エラスムスのありようは身につまされるものであったにちがいない。平和なヨーロッパ連邦の市民という理念は、何よりも二〇世紀のツヴァイク自身が痛切にあこがれたものであろう。そして歴史上その理念の最初の体現者となった人物を、彼はエラスムスのうちに見出したのである。

しかしながらエラスムスという人物の歴史的性格は、果たしてそういうものであったろうか。すでに述べたように、ヨーロッパ史上の近代はエラスムスの生きた頃、つまり一五世紀の末頃から始まったといわれている。それは国家主義《ナショナリズム》の興隆、資本主義的経済の胎動、自然科学の生長など、つまり後になって近代を性格づけた歴史的事象の多くが、この頃から始まったということである。

読者はもう一度、第一章「ヨーロッパという世界」を読んでいただきたい。近代ナショナリズムの行きづまりを痛切に感じとった二〇世紀の西洋人は、ツヴァイクのみではなかった。彼らの多くは、ラテン語を公用語とするヨーロッパ－キリスト教国という共同体を、エラスムスの時代よりもはるか以前の中世に見出していたのである。そしてそれの否定の上に誕生したのが近代諸国家であると認識したのである。そういえば国家主義といい、資本主義的経済といい、自然科学といい、これらの近代的歴史事象とエラスムスとは、ほとんど無縁であったといっていい。エラスムスのラテン語作品は、文献学的業績に関するものは、その学問の性質上やがて乗り越えられて読まれなくなってしまったし、一般的作品に関しては『痴愚神礼賛』と『対話集』が各国語を介して読まれるぐらいで、他はほとんど顧みられなくなった。

それにもかかわらずエラスムスが偉大であるというのは、ツヴァイクの言うように「≪反野蛮の人≫、あらゆる後進性とあらゆる伝統主義に対する戦士、より高度で、より自由で、より人道的な人間性の告知者、来たるべき世界市民主義の案内人として、時代は彼を他のあらゆる人たちの先頭に立たせる」（内垣啓一訳）ことによるのであろうか。それともまた、ラテン語を用いて、「共通の文化文明を旗印にしたヨーロッパ連邦」の理念を一瞬体現したかにみえたエラスムスは、実は中世以来のヨーロッパーキリスト教国の最後の市民として、花火のように輝き散ったことによるのであろうか。

この判断は、本書を読み終わった読者の思慮にまかせることにしよう。

エラスムス年譜

西暦	年齢	年譜	背景をなす歴史的事項
一四六六		一〇月二七日、ロッテルダムで生まれる(ほかに六七年、六九年誕生説がある)。父は聖職者、母は医者の娘。カトリック教会の聖職者は妻帯を禁じられていたから、エラスムスは私生児。三歳上の兄がいた。	中世以来ネーデルランドは封建諸侯の分割領有する所であったが、エラスムスの生まれたときには、すでに三〇年前からフランス王に臣属するブルゴーニュ公の支配する所であった。
七五	9	父親は兄弟をデヴェンター町の「共同生活兄弟会」経営の学校へ入学させる。	
七七	11		ブルゴーニュ公シャルルはフランス王に敵対して戦死。所領の南半分（今のベルギー）はフランス王、北半分（エラスムスの生国）はドイツ王ハプスブルク家

一四七八	12		の所領となる。
八三	17	母、ペストで死去。兄弟は退学。	二月六日、トマス＝モア生まれる。一一月一〇日、マルティン＝ルター生まれる。
八四	18	父死去。兄弟はおじ達の後見で別の町の「共同生活兄弟会」付属学校に入学。	
八五	19		イギリス、ばら戦争終わり、ヘンリー七世即位。
八七	21	ステイン修道院に入る（兄も別の修道院に入る）。	
八八	22	修道士の資格を得る。この頃、古代ローマの詩文を愛読する。	
九二	26	司祭の資格を得る。	コロンブス、新大陸発見。
九三	27	カンブレの司教の秘書となり、修道院を出る。司教に随行してネーデルランドの諸所をまわる。その間、かねてから書き続けていた『反野蛮の書』（一五二〇年公刊）などの完成を心がける。	
九五	29	司教の許可と援助を得てパリへ留学、モンテーギュ学寮に入る（九四年説もある）。	
九六	30	一年足らずでモンテーギュ学寮を退学。カンブレ、ステ	

一四九八	32	インへ行き、再びパリへ戻る。ラテン語の個人教授によって自活。教材として作った「日常会話文例集」「単語熟語集」などは、後年改訂増補されて出版。	ヴァスコ＝ダ＝ガマ、喜望峰を廻るインド航路を発見。前年にはアメリゴ＝ヴェスプッチ、新大陸へ向けて第一回の航海。
九九	33	ステインへ帰り、神学研究続行の許可を得て、パリへ戻り、個人教授の新弟子として若いマウントジョイ男爵を迎える。 五月、男爵の招きに応じてイギリスを訪れる。コレット、モアなどに会う。前者との会談でギリシア語を学んで神学研究を深める気持ちが強くなる。王子ヘンリー（後のヘンリー八世）にも紹介される。	フランス王ルイ一二世、ミラノを征服（独・仏王のイタリア侵略の一例）。
一五〇〇	34	一月、イギリスを去る。夏、『古典名句集』をパリで出版。ペストがパリに流行。オルレアンに避難。一二月パリへ戻る。	
〇一	35	再びペストを避けてブリュッセルやステインへ行く（これが最後のステイン行きとなる）。ひきつづきネーデ	

		ルランドの諸所に滞在（一五〇四年一二月まで）。	
一五〇四	38	二月、『キリスト教兵士必携』を他の小篇と共に一冊にして、アントワープで出版（一五〇三年説もある）。夏、ルヴァン近くの修道院の書庫からロレンツォ＝ヴァラの「新約聖書注解」の写本を発見。大いに刺戟を受ける。	
〇五	39	ヴァラの「新約聖書注解」をパリで印刷公刊。秋、再びイギリス訪問、モア家やマウントジョイ男爵家に滞在し、旧交をあたためたばかりでなく多くの名士と知り合う。モアとルキアーノスのラテン語共訳を試みる。	ミケランジェロ、教皇ユリウス二世に招かれて、ローマの大聖堂の改築に着手。
〇六	40	ヘンリー七世の侍医から依頼を受け、息子たちのイタリア留学に随行する。パリ、スイスを経て、九月トリノ着。同市の大学から神学博士号を受ける。目的地ボローニャに着いたが、戦火が迫ったので、フィレンツェへ避難。一一月、ボローニャに戻る。	教皇ユリウス二世、ボローニャ市と戦って、これを征服。
〇七	41	随行役を果たして、一〇月ヴェニスに出版業者アルドス＝マヌティウスを訪ねる。マヌティウスの親戚の家に滞留。	
〇八	42	アルドス印刷所に通って、『古典名句集』増補版を始め	一二月、ユリウス二世、フランス

		編書、訳書を刊行。	と同盟を結び(カンブレ会談)、ヴェニス攻撃を計る。
一五〇九	43	ヴェニス近くのパドアに留学中のスコットランド王ジェームズ四世の庶子の個人教授を引き受ける。教皇のヴェニス攻撃の戦火を避けてシエナに移る。ローマ訪問、高僧たちから歓待を受ける。八月、イギリスへ向けてイタリアをあとにする。	四月、教皇ヴェニスを攻撃、これを征服(—五月)。四月二一日、イギリス王ヘンリー七世死去、ヘンリー八世即位。七月一〇日、ジャン=カルヴァン生まれる。
一一	45	四月、ロンドンからパリへ戻る。ロンドンのモア家滞在中に書いたと思われる『痴愚神礼賛』をパリで出版、初版一八〇〇部はまもなく売切れ、翌年五月には第五版。八月末、ケンブリッジ大学総長ジョン=フィッシャーの招きに応じてイギリスへ渡り、クウィーンズ学寮に寄宿。同大学で講義をしたり、カンタベリー大司教とマウントジョイ男爵から年金を受けたりして、三年間イギリスで暮らす。	秋、教皇ユリウス二世、スペインとヴェニス、次いでイギリスと「神聖同盟」を結び、フランス攻撃を計る。この頃、変転する軍事同盟ならびに戦争の主謀者は教皇であった。エラスムスのいう「ユリウスのラッパ」が鳴り渡っていたのである。
一三	47		二月、教皇ユリウス二世死去。レオ一〇世即位。まもなく「ユリ

一五一四	48	三月、サン＝ベルタン修道院長にあてて反戦思想を盛った書簡を送る（のちに加筆されて一五一五年、一七年に公刊）。 七月、在英中に書きためた原稿、研究資料をたずさえて、スイスのバーゼルに向けてイギリスをあとにする。途中でステイン修道院からの復帰督促状に対して、ことわり状を書く（彼は復帰免除の恩典を教皇に訴願するつもりであった）。八月末バーゼル着。同地のフローベン書店で著作公刊の仕事を始める。	ウス門前払いを喰う」と題する故人をからかう怪文書が、筆写されて出まわる。 マキアヴェリ『君主論』公刊。 ドイツのマインツ大司教アルブレヒト、ドイツにおける免罪符販売を教皇より委託され、会計事務をフッガー商会に受け持たせる。
一五	49	ハンス＝ホルバイン（二代目）『痴愚神礼賛』の挿絵をかく。	フランス王ルイ一二世死去。フランソワ一世即位。
一六	50	二月、訳注『ギリシア語新約聖書』を教皇レオ一〇世に捧げる。（この書は一六世紀中に二二九回重版）。 四月—八月、『聖ヒエロニムス著作集』（七巻） 六月、『キリスト教君主教育論』をスペイン王カルロス一世の特別顧問官として王に捧げる。以上いずれも版	神聖ローマ皇帝の皇孫カール、スペイン王位を継ぐ（カルロス一世）。

一五一七	51	元はフローベン書店。 一月、教皇より修道士としての義務を免除する特許状を受ける。 夏、ルヴァン大学の一員として同地滞在（約四年間続く）。しばしば各国の君主、大学教授から招聘あり。 一二月、『平和の訴え』『ルキアーノス小品集』（モアとの共訳）などをフローベン書店より公刊。	一一月一日、マルティン＝ルター「九五ヵ条の論題」を発表、宗教改革の発端となる。
一八	52	『結婚礼賛』などを公刊。ルターの「九五ヵ条の論題」をモアに送る。	ツヴィングリ、スイスで宗教改革運動を始める。
一九	53	ルターからの初めての手紙（三月二八日付）に対して、返事（五月三〇日付）を書き、中立の立場を強調する。 『日常会話文例集』（一四九六年の項参照）の補正版公刊。	六月、カルロス一世、神聖ローマ皇帝に選挙され、カール五世と称する。 マジェラン、世界周航に出帆。
二〇	54	ヘンリー八世との会談に出向く皇帝カールに随行。 若い頃の草稿『反野蛮の書』をフローベン書店より公刊。	五月から七月にかけて独英、英仏の君主の友好会談が行われる。 ルターは『ドイツ国の貴族に向かってキリスト者体制の改革を論ずる書』や『キリスト者の自

一五二一	55	一月二七日、ウォルムスに帝国議会が召集され、招請を受けたが欠席（この議会に召喚されたルターは自己の所信を述べてひるむところがなかった。その結果、彼の帝国追放、著書禁断の勅令が発布されたが、彼はザクセン侯のヴァルトブルク城内に保護される）。一〇月、反改革派のルヴァン大学を去りバーゼルに向かう。	由』などを公刊、着々と改革運動を進める。一月三日、ルターは教皇より破門を宣告される。ヘンリー八世、モアの助けを借りて反ルター論を公刊、教皇レオ一〇世から「信仰擁護者」の栄称を受ける。独仏間にイタリアの分捕戦争始まる（―一五二六）。一二月一日、レオ一〇世死去、ハドリアヌス六世即位。
二二	56	バーゼルに定住して専ら著述業に従う（エラスムス晩年の始まり）。三月、『日常会話文例集』を従来の版の二倍に増補してフローベン書店より公刊（以後毎年改訂増補されて一五二六年には書名も改められて『対話集』となる）。八月、ツヴィングリはエラスムスに改革運動参加を要請するが、エラスムスは謝絶。	フィリピンの一島で現地人に殺されたマジェランの部下たち、世界一周に成功。七月、ルターはヘンリー八世に対して反論を書く。九月、彼は『独訳新約聖書』（原本はエラスムス訳注『ギリシア語新約聖書』第二版）を公刊。

一五二三	57	教皇、フランス王、ザクセン侯それぞれの立場からエラスムスへ招聘状を送るが、いずれも謝絶される。	モア、匿名で『反ルター論』を公刊。
二四	58	三月、『新約聖書釈義』公刊。パリ大学神学部、エラスムスに対して批判の目を厳しくしはじめる。ヘンリー八世、教皇ハドリアヌス六世などが、彼に対して反ルターの立場を明らかにするような論文の執筆を要望する。 九月、『自由意志論』を公刊してルターの所説を批判する。	ルターはエラスムス宛の手紙（一五二四年四月一五日付）の中で「日頃、表明されてきたところの『悲劇の一傍観者』たる立場」を守り続けるよう要望する。 ドイツに大規模な農民の反乱がおきる（―一五二五）。
二五	59	パリ大学神学部『平和の訴え』の仏訳本を告発、禁書とする。 一二月、『自由意志論』に答えてルター『奴隷意志論』を発表。	二月、フランス王フランソワ一世カール五世と戦って捕虜となる。 五月、ルターは反乱農民を論難して鎮圧は神意にかなうものとする。
二六	60	二月『奴隷意志論』に対して反論を発表。 『日常会話文例集』の最終増補版を『対話集』と改題して公刊。それをパリ大学神学部は禁書処分にする。 五月、同学部教授ノエル＝ベダはルフェーヴルとエラス	一月、独仏間にマドリッド平和条約成立。捕虜のフランス王釈放。

		ムスを論難する。	
一五二七	61	八月、『キリスト教結婚論』公刊。 一〇月、エラスムスの出版元フローベン書店主ヨハン＝フローベン死去。	英仏は反独同盟を結ぶ。
二八	62	三月、『ギリシア、ラテン語の正しい発音についての対話』『キケロ派』の二篇を収めた書をフローベン書店から公刊。	
二九	63	ルター派から離れたスイスのツヴィングリ派は、バーゼルでも教会支配を確立する。エラスムス、六〇キロ離れたフライブルクへ移転。	英仏対独の和議がカンブレで成立。 独帝カール五世、スパイアー市に帝国議会を召集し、ルター派を始めとする改革諸派の改革運動を禁止する法案可決。反皇帝派の諸侯、これに対して抗議声明を出す（「プロテスタント（抗議者）」の名の起こり）。 トマス＝モア大法官に栄進。
三一	65		ドイツのプロテスタント諸侯、シュマルカルデン市に会して「シ

			ュマルカルデン同盟」を結成。ドイツ内戦の危機迫る。スイスのカトリック同盟軍と戦いツヴィングリ戦死。
一五三二	66		モア、大法官を辞任。
三三	67	『教会和合回復論』フローベン書店より公刊。	
三四	68	『死の準備について』フローベン書店より公刊。	ローマ－カトリック教会から独立したイギリス国教会成立。モアとフィッシャー投獄される。ルター、独訳聖書を完成公刊。
三五	69	出版仕事の都合でバーゼルのフローベン家に滞留。	モアとフィッシャー処刑される。
三六	70	七月一二日、滞留先で死去。遺骸はバーゼル大聖堂に葬られる。	ルフェーヴル死去。カルヴァン『キリスト教綱要』公刊。

参考文献

一、エラスムスの作品、書簡類

最新最大の作品集、書簡集はすでに「まえがき」で紹介してある。ちなみに従来の作品・書簡集で最大のものは、オランダのライデンで出版された一〇巻もの（一七〇三―〇六）である。その他の外国語版は省く。邦訳版はおよそ次のとおり。

『痴愚神礼讃・対話集』　渡辺一夫・二宮敬訳（『世界の名著』一七）　中央公論社　昭和四四
　『対話集』の方は抄訳である。解説、注解、年表が付いている。
『痴愚神礼讃』（岩波文庫）　渡辺一夫訳（絶版）　岩波書店　昭和二九
『平和の訴え』（岩波文庫）　箕輪三郎訳　岩波書店　昭和三六
　これは亡くなった訳者の仕事を二宮敬氏が補完したもの。二宮氏のゆきとどいた注と解説がついている。

二、エラスムスの伝記、研究書類

外国語版は省く。

ホイジンガ『エラスムス』　宮崎信彦訳　筑摩書房　昭和四〇
　オランダの高名な歴史家の書いた伝記。
ツヴァイク『エラスムスの勝利と悲劇』　内垣啓一訳　みすず書房　昭和四〇

栗原福也（編訳）『エラスムス』（『世界を創った人びと』一二） 平凡社 昭和五四
渡辺一夫『フランス・ユマニスムの成立』 岩波書店 昭和三三
二宮敬『宗教改革・ルネサンス――エラスムスの通った道』（講座『現代倫理』一〇） 筑摩書房 昭和三三
フルード『知性と狂信――エラスムスとルーテルの時代』 池田薫訳 思索社 昭和二四
野田又夫『ルネサンスの思想家たち』（岩波新書） 岩波書店 昭和三八
斎藤美洲『英国近代精神の胎動』 研究社 昭和四一
平井正穂『ルネサンスの人間像』 八潮出版 昭和四一
ジャック＝ルゴフ『中世の知識人』（岩波新書） 柏木英彦・三上朝造訳 岩波書店 昭和五二

二、関連する参考文献

トマス＝モア『ユートピア』（中文文庫） 沢田昭夫訳 中央公論社 昭和五三
前記の『世界の名著』一七にもエラスムスのものといっしょに収録されている。
小牧治・泉谷周三郎『ルター』 清水書院 昭和四五
西村貞二『マキアヴェリ』 清水書院 昭和五五
清水廣一郎編訳『ロレンツォ・デ・メディチ』（『世界を創った人びと』一〇） 平凡社 昭和五四

さくいん

〔人名〕

アウグスティヌス……三八・五五・一〇七・一四二
アリストテレス……五五・八三・九九～一〇一
アルブレヒト……一二五・一二七・一三三
アレクサンデル六世……三〇・六四～六六
ヴァラ、ロレンツォー……三一・四四・六〇・九六
ウィックリフ……一三九
ヴィトリエ、ジャン……四九
ウェルギリウス……三三
ウォット、ヒュー……一〇五
ウォーラム、ウィリアム……六二・七〇・八四・一五六
ウルズィー……八六
エコラムパディウス……一五一・一五三・一五四
エック、ヨハン……一二一・一三〇・一三四
エラスムス、デズィデリウス……三一
オッカム、ウィリアム……四〇・一〇〇～一〇二
オットー一世……一二七
オリゲネス……五一・五五
カエサル、ユリウス……四七
ガガン、ロベール……四〇
カルヴァン……三九・一五一・一五五・一五七・一六二・一六四
カール五世……八八・一〇六・一二三・一三〇・一三五・一五〇
カール大帝……一八
カルロス一世……八九・九三・一二一
キケロ……一〇七
クザーヌス、ニコラウス……一〇三
グーテンベルク……三三
クリストフォルス……五三
グロースィン……四三
コスター……三三
コレット、ジョン……四三・四四・四九・六一・六二・九六・一五五
コンスタンティヌス……六三
シーザー、ジュリアス→カエサル
スウィフト……八〇
スコウタス……七六
スチュアート、アレクサンダー……六九
ソクラテス……五六・一六二
ソポクレス……七三
ダ＝ヴィンチ……三七
チェインバーズ……八八・一二六
チャーチル、ウィンストン……一八
ツヴァイク、シュテファン……一六六
ツヴィングリ、ウルリッヒ……一三七・一五〇・一五四・一六七
ディオニシウス、プセウド……五五
デューラー、アルブレヒト……一三六
トマス＝アクィナス……三九・一二三
ドルプ、マルティン……一一八
パウロ……五一・五五・七九・九四
バット、ヤーコプ……三八・四二・四九・五〇・六一
ハドリアヌス六世……一三八
ヒエロニムス……六〇・八四・九四・九五・一二三・一四三
ヒットラー……一六七
ファレル、ギョーム……一五一
フィッシャー、ジョン……四三・六二・八四
フィッシャー、ロバート……四三・一五五
フィレルフォー……三三
フォックス、リチャード……六二
フッテン……一三七・一五三
プラトン……三八・五四・七四・一〇七
フランソワ一世……九三・一二一・一三五
ブラント、ウィリアム……四二
フリードリヒ（ザクセン侯）……一三〇・一三一・一三三
プルタルコス……九六・一〇七・一六二

ベダ、ノエル……一四九
ペテロ……八七
ヘンリー七世……四六・六二・六五・六九
ヘンリー八世……一二一・一二六・一三五・一三八・一五五
ポッジョー……一三
ボルジア、チェザーレ……三〇・六四・六五
ホルバイン、ハンス……八二・一五九
マウントジョイ男爵……四三・四四・四六・六二・七〇・八五・九四・一五六
マキアヴェリ……三七・六四
マクシミリアン一世……八八・九三・一一一
マヌティウス、アルドス……六六・九六
ミケランジェロ……三七
メランヒトン……一三七
モア、トマス……二九・四四・四六・七〇・八七・九五・一三七・一五五
ユリウス二世……六四〜六六・六九・八五・八七
ラファエロ……三七
リー、エドワード……一三五・一三六
リナカー……四三
ルイ＝ド＝ベルカン……一四九
ルキアーノス……一三七
ル＝ソヴァージュ……八九
ルター、マルティン……九八・一一四
ルフェーヴル……八三・一一三・一二五・一二六
ループセット、トマス……八八
レオ一〇世……一三九
ロヨラ……三九・一六二・一六四

〔書　名〕

『エラスムス書簡集』……八八
『エラスムスの勝利と悲劇』……一六六
「学習要領」……四一
『ガリヴァー旅行記』……八〇
『キケロ派』……一五一
「九五ヵ条の論題」……一一五・一一八
『教会和合回復論』……一五四
『ギリシア語新約聖書』……九六・九八・一一〇・一一三・一二三・一三七・一三三
『ギリシア、ラテン語の正しい発音についての対話』……一五一
『キリスト教君主教育論』……八九・一〇六・一一〇・一一三
『キリスト教綱要』……一五七
『キリスト教的結婚論』……一六六
『キリスト教兵士必携』……五〇・八〇・一三六・一六六
『君主論』……六四・六六
『結婚礼賛』……一六六
『古典名句集』……四七・六一・六六・七〇・八四・八九・九六・一一三
『再婚論』……一六六

『自由意志論』……一三八・一四五
『新約聖書釈義』……一三三
『心霊修業』……一六三
『僧院と家庭』……二九
『対話集』……
……四一・一三三・一三四・一四九・一五三・一六〇・一六三・一六五
『対話篇』……三八
「単語熟語集」……四一
『痴愚神礼賛』…七一・七三・八四・一〇三・一一三・一一七
『手紙文教本』……四一・九五
『伝道の書』……一五七
『ドイツ国のキリスト者貴族に向かってキリスト者体制の改革を論ずる書』……一三一
『トマス＝モア伝』……一一六
『奴隷意志論』……一四四
『日常会話文例集』……一三三
『反野蛮の書』……三八
『ヒエロニムス著作集』……九八・一二〇
『平和の訴え』……八九・一一一・一三三
『ポリクロニコン』……二四
『ユートピア』……二九
『倫理論集』……一六三
『ルター反論』……一四九・一五五
『ルフェーブルならびにエラスムスに関する論考』……一四九

〔事　項〕

イギリス国教会……二四・一五五
ヴァルトブルク城……一三三
ウィッテンベルク大学……一二五・一三三
ヴェニス共和国……六四
エラスムス主義者……二一
エラスムス派……二一
オックスフォード大学……四四
オランダ……二七
オルトドックス教会……一九
カトリック教会……二〇
ガリア……一七
教　皇……二〇
共同生活兄弟会……三一
近代語……三三
クウィーンズ－コレジ……八四
クリスチャン－ヒューマニスト……一〇五
ゲルマニア……一七
ケルン大学……一三四
公教会……二〇
国民国家……二四・二八
司　教……二〇

司祭……二〇
邪教徒……六四
十字軍……六四
シュマルカルデン同盟……一五〇・一五四
贖宥符……一一六
神学上の争論……一二五
新学問……六一・一〇三
信仰擁護者……一二六
スコラ学……九九
スコラ神学者……七六・九九
正教会……一九
善美の文学……三三
大司教……二〇
地中海世界……一六
鉄のカーテン……一九
トリノ大学……六六
ナポリ王国……六五
ネオ－プラトニスト……八三
ネーデルランド……二七
ネポティスモ……三〇
農民一揆……一三一
バーゼル……一二七・一三〇
ハプスブルク家……二七
パリ大学……三八・一〇二・一一三・一五三
東ローマ帝国……六四
ヒューマニスト……一〇三〜一〇六
フィレンツェ……三七
不浄の文学……三三
フッガー商会……一一七
フライブルク……一三〇・一五三・一五八
ブリタニア……一七
プロテスタント……一五〇
フローベン書店……九六・一五七・一五八
ペテロの遺産……六五・七八
ボローニャ……六五
ミサ聖祭……五三
メジチ家……三七
免罪符……一一六
モンテーギュ学寮……三九
ヨーロッパ共同体……一六
ヨーロッパキリスト教国……三・六四・六九・八五・八六・一六九
ヨーロッパ世界……一八
ライプチヒ大学……一二四
ライプチヒ論争……一三〇
ルヴァン大学……四八・九九・一一八・一二四
ルビコン川……四七
ロッテルダム……二七

エラスムス■人と思想62　　定価はカバーに表示

1981年2月15日　第1刷発行Ⓒ
2015年9月10日　新装版第1刷発行Ⓒ

・著　者……………………………………斎藤《さいとう》　美洲《びしゅう》
・発行者　…………………………………渡部　哲治
・印刷所　……………………法規書籍印刷株式会社
・発行所　……………………株式会社　清水書院

〒102-0072　東京都千代田区飯田橋3-11-6
Tel・03(5213)7151～7
振替口座・00130-3-5283
http://www.shimizushoin.co.jp

検印省略
落丁本・乱丁本は
おとりかえします。

CenturyBooks

Printed in Japan
ISBN978-4-389-42062-8

CenturyBooks

清水書院の〝センチュリーブックス〟発刊のことば

近年の科学技術の発達は、まことに目覚ましいものがあります。月世界への旅行も、近い将来のこととして、夢ではなくなりました。しかし、一方、人間性は疎外され、文化も、商品化されようとしていることも、否定できません。

いま、人間性の回復をはかり、先人の遺した偉大な文化を継承して、高貴な精神の城を守り、明日への創造に資することは、今世紀に生きる私たちの、重大な責務であると信じます。

私たちがここに、「センチュリーブックス」を刊行いたしますのは、人間形成期にある学生・生徒の諸君、職場にある若い世代に精神の糧を提供し、この責任の一端を果たしたいためであります。

ここに読者諸氏の豊かな人間性を讃えつつご愛読を願います。

一九六六年

SHIMIZU SHOIN

【人と思想】既刊本

老子	高橋進
孔子	内野熊一郎他
ソクラテス	中野幸次
釈迦	副島正光
プラトン	中野幸次
アリストテレス	堀田彰
イエス	八木誠一
親鸞	古田武彦
ルター	小牧治・泉谷周三郎
カルヴァン	渡辺信夫
デカルト	伊藤勝彦
パスカル	小松摂郎
ロック	浜林正夫他
ルソー	中里良二
カント	小牧治
ベンサム	山田英世
ヘーゲル	澤田章
J・S・ミル	菊川忠夫
キルケゴール	工藤綏夫
マルクス	小牧治
福沢諭吉	鹿野政直
ニーチェ	工藤綏夫
J・デューイ	山田英世
フロイト	鈴村金彌
内村鑑三	関根正雄
ロマン=ロラン	村上嘉隆・村上益子
孫文	横山英・中山義弘
ガンジー	坂本徳松
レーニン	中野徹三・高岡健次郎
ラッセル	金子光男
シュバイツァー	泉谷周三郎
ネルー	中村平治
毛沢東	宇野重昭
サルトル	村上嘉隆
ハイデッガー	新井恵雄
ヤスパース	宇都宮芳明
孟子	加賀栄治
荘子	鈴木修次
アウグスティヌス	宮谷宣史
トーマス・マン	村田經和
シラー	内藤克彦
道元	山折哲雄
ベーコン	石井栄一
マザーテレサ	和田町子
中江藤樹	渡部武
ブルトマン	笠井恵二
本居宣長	本山幸彦
佐久間象山	奈良本辰也・左方郁子
ホッブズ	田中浩
田中正造	布川清司
幸徳秋水	絲屋寿雄
スタンダール	鈴木昭一郎
和辻哲郎	小牧治
マキアヴェリ	西村貞二
河上肇	山田洸
アルチュセール	今村仁司
杜甫	鈴木修次
スピノザ	工藤喜作
ユング	林道義
フロム	安田一郎
マイネッケ	西村貞二
エラスムス	斎藤美洲
パウロ	八木誠一
ブレヒト	岩淵達治
ダンテ	野上素一
ダーウィン	江上生子
ゲーテ	星野慎一
ヴィクトル=ユゴー	辻昶・丸岡高弘
トインビー	吉沢五郎
フォイエルバッハ	宇都宮芳明

平塚らいてう	小林登美枝
フッサール	加藤精司
ゾラ	尾崎和郎
ボーヴォワール	村上益子
カール＝バルト	大島末男
ウィトゲンシュタイン	岡田雅勝
ショーペンハウアー	遠山義孝
マックス＝ヴェーバー	住谷一彦他
D・H・ロレンス	倉持三郎
ヒューム	泉谷周三郎
シェイクスピア	福田陸太郎 菊川倫子
ドストエフスキイ	井桁貞義
エピクロスとストア	堀田彰
アダム＝スミス	浜林正夫 鈴木亮
ポパー	川村仁也
フンボルト	西村貞二
白楽天	花房英樹
ベンヤミン	村上隆夫
ヘッセ	井手賁夫
フィヒテ	福吉勝男
大杉栄	高野澄
ボンヘッファー	村上伸
ケインズ	浅野栄一
エドガー＝A＝ポー	佐渡谷重信

ウェスレー	野呂芳男
レヴィ＝ストロース	吉田禎吾他
ブルクハルト	西村貞二
ハイゼンベルク	小出昭一郎
ヴァレリー	山田直
プランク	高田誠二
ラヴォアジエ	中川鶴太郎
T・S・エリオット	徳永暢三
シュトルム	宮内芳明
マーティン＝L＝キング	梶原寿
ペスタロッチ	長尾十三二 福田弘
玄奘	三友量順
ヴェーユ	冨原眞弓
ホルクハイマー	小牧治
サン＝テグジュペリ	稲垣直樹
西光万吉	師岡佑行
ヴァイツゼッカー	加藤常昭
メルロ＝ポンティ	村上隆夫
オリゲネス	小高毅
トマス＝アクィナス	稲垣良典
ファラデーとマクスウェル	後藤憲一
津田梅子	古木宜志子
シュニツラー	岩淵達治

タゴール	丹羽京子
カステリョ	出村彰
ヴェルレーヌ	野内良三
コルベ	川下勝
ドゥルーズ	鈴木亨
「白バラ」	関楠生
リジュのテレーズ	菊地多嘉子
リッター	西村貞二
プルースト	石木隆治
ブロンテ姉妹	青山誠子
ツェラーン	森治
ムッソリーニ	木村裕主
モーパッサン	村松定史
大乗仏教の思想	副島正光
解放の神学	梶原寿
ミルトン	新井明
ティリッヒ	大島末男
神谷美恵子	江尻美穂子
レイチェル＝カーソン	太田哲男
オルテガ	渡辺修
アレクサンドル＝デュマ	辻昶 稲垣直樹
西行	渡部治
ジョルジュ＝サンド	坂本千代
マリア	吉山登

ラス＝カサス	染田　秀藤
吉田松陰	高橋　文博
パステルナーク	前木　祥子
パース	岡田　雅勝
南極のスコット	中田　修
アドルノ	小牧　治
良寛	山崎　昇
グーテンベルク	戸叶　勝也
ハイネ	一條　正雄
トマス＝ハーディ	倉持　三郎
古代イスラエルの預言者たち	木田　献一
シオドア＝ドライサー	岩元　巌
ナイチンゲール	小玉香津子
ザビエル	尾原　悟
ラーマクリシュナ	堀内みどり
フーコー	今村　仁司 栗原　仁
トニ＝モリスン	吉田　廸子
悲劇と福音	佐藤　研
リルケ	星野　慎一 小磯　仁
トルストイ	八島　雅彦
ミリンダ王	森　祖道 浪花　宣明
フレーベル	小笠原道雄

ヴェーダからウパニシャッドへ	針貝　邦生
ベルイマン	小松　弘
アルベール＝カミュ	井上　正
バルザック	高山　鉄男
モンテーニュ	大久保康明
ミュッセ	野内　良三
ヘルダリーン	小磯　仁
チェスタトン	山形　和美
キケロー	角田　幸彦
紫式部	沢田　正子
デリダ	上利　博規
ハーバーマス	小牧　治 村上　隆夫
三木清	永野　基綱
グロティウス	柳原　正治
シャンカラ	島　岩
ハンナ＝アーレント	太田　哲男
ミダース王	西澤　龍生
ビスマルク	加納　邦光
オパーリン	江上　生子
アッシジのフランチェスコ	川下　勝
スタール夫人	佐藤　夏生
セネカ	角田　幸彦

ペテロ	川島　貞雄
ジョン・スタインベック	中山喜代市
漢の武帝	永田　英正
アンデルセン	安達　忠夫
ライプニッツ	酒井　潔
アメリゴ＝ヴェスプッチ	篠原　愛人
陸奥宗光	安岡　昭男